괄호가 많은 편지

슬릭 × 이랑

SLEEQ ⟷ LANG LEE

カッコの多い手紙

スリーク×イ・ラン

吉良佳奈江 訳

書肆侃侃房

カッコの多い手紙　目次

This book is published with the support of the Literature Translation Institute of Korea (LTI Korea).

ブックデザイン　成原亜美［成原デザイン事務所］
装画　クイックオバケ
写真　©SAZINONSIL

カッコの多い手紙

プロローグ

スリークの言葉

子どものころは今のスリークがうらやむほど“なりたいもの”が本当にたくさんありました。にっこりと頬杖をついて空を見上げるような朗らかな子どもではなかったけど、夢はとてもたくさんありました。歌手、作家、ラジオDJ、作詞家、教師、ギタリスト、作曲家……創作に関連する職業がほとんどですね。そして幼いリョンハ（キム・リョンハ、私の本名です）がうらやむほど、今の私は願っていたアイデンティティをほとんど実現しています。もちろんそのアイデンティティがカラフルな“締め切り”になってカレンダーをぎっしり塗りつぶしていることは、全然うらやむべきことではありませんけど。

イ・ランさんと手紙を交わすプロジェクトを始めて、私はついに何人かの人から（主に編集者さんから）

“作家先生”と呼ばれるようになりました。ああ、作家だなんて！　作家のスリーク先生だなんて！　なんて素敵な呼び名でしょうか。呼ばれるたびに胸がいっぱいになります。そして作家としてイ・ランさんと交わす手紙はその呼び名よりもずっと素敵です。このごちゃごちゃしてさびしいソウルの空の下、顔を合わすことがなくても（もちろん顔を合わせたくないという話ではありません）深く、透きとおった、細やかな話を分かちあう相手に出会えるというのは、それよりもはるかに映画みたいな話です。このすばらしい結びつきを見守ってください。

子どものころに集めていた将来の夢の中で、今まだ叶えられていないのはギタリストくらいですね。기타《ギター》のㄱの字も知らない私が、どうやって伝説のギタリストになっていくのか、その感動スペクタクル物語を見逃したくなかったら、注目してください。もし、この本を書き終えた私が今と変わらず기타《ギター》のㄱの字も知らなかったとしても、작가《作家》のㅈの字程度を理解していればよろしいでしょうか。そのときに出会うあなたへ、私たちの手紙を贈ります。

イ・ランの言葉

2020年8月末からスリークに手紙を書きはじめました。小説やエッセイを書くときとは違って手紙には何度もカッコを使いましたね。「カッコが多すぎるけど……大丈夫かな？」と悩んでいるときに、スリークもまったく同じことで悩んでいると知りました。ではどうしてカッコをよく使うことになるのか、今のところ私たちはふたりとも理由を見つけられていないので、とりあえずカッコの多い手紙をやり取りすることにしました。

普段私は文章を書いてから音声読み上げ機能を使って原稿の内容を耳で再確認します。音声で聞いてみると目だけでは確認できなかった文法のずれやタイプミスをより簡単に見つけられるからです。ところで、私が使っていた音声読み上げサイトではカッコの中の内容は読んでくれないのですよ。どんな理由でカッコの中の内容を除外するのでしょうか（こちらもまた理由を探しているところです）。いくつかの音声読み上げサイトをテストして、今はカッコの中の内容まで読んでくれるところに定着しました。ところが、カッコの中の内容まで全部音声で聞いてみると、目で見るときとは違って文脈をぶち壊しているように感じます。特に（笑）（ハハハッ）（ダメ!!!!）などは邪魔になりますね。やっぱりカッコの中の内容は声に出さずに心で読むべきなのでしょうか。

手で書いて、目で見て、耳で再び聞く、書き物の過程はとっても疲れます（文章を書くことだけでなく、すべてのことは疲労を伴うでしょうけど）。ところが決められたひとりに向かって書く文章は、想像していたよりもずっと楽しいのですごく驚いています。仕事なのか、仕事じゃないのか混乱するほど、楽しさが疲れに勝るこの仕事をすることになって、うれしいです。これから“過労《カロ》”にならないように、少しだけの疲労と、たくさんの楽しみでスリークに手紙を書いていきたいと思っています（そしてカッコ《カロ》の中の言葉は心で読んでください）。

スリーク《슬릭》より → イ・ラン《이랑》へ

이 시국에 안부를 묻는 건

실례일까요

こんなご時勢にお元気ですかと聞くのは
失礼でしょうか？

イ・ランさま《ニム》。初めてあなたの存在を知ったのは、ほかでもない韓国大衆音楽賞授賞式のトロフィーオークション事件の現場でした。偶然にも私はあの日、あの場所にいました。誰が賞をもらうのかな、とノミネートもされていないくせに、よろこんで事務所の人たちと見物に行っていたんです。それまでは韓国大衆音楽賞授賞式は私にとって肯定的な意味がありました。テレビに出ないミュージシャンたちにも賞をくれるなんて、音楽授賞式といえばグラミー賞と地上波テレビ局３社の年末歌謡大賞授賞式、それにMAMA*授賞式くらいしか知らなかったので、なんだか純粋に見えるこの授賞式がすっかり気に入っていたのでしょうね。ひそかに、この賞を作った人たちに自分も気に入られたいって気持ちがありました。ところが、舞台に上がって賞をもらい、受けとったばかりのトロフィーをオークションにかけるインディーズミュージシャンたちを見てしまうと、急に心がざわざわしてつらくなりました。“やだ、どうしてそんなことができるの？”という怪訝な気持ちと“私もあの人たちみたいになりたい”という欲望が同時に交錯しました。

実のところ、あのパフォーマンスが自分にとってどんな意味があるのかを理解するまでずいぶんと時間が必要でした。世の中の俗っぽさを体現するヒップホップミュージシャンの中にあって、孤高のリリシストあるいはその端くれとして、皆の記憶に刻みこまれるべく飾り立てていた私のささくれた自意識

---

* Mnet Asian Musician Award。日本の視聴者からの注目度も高く、2022年は大阪で開催された。

は、イ・ランさんのおかげで小さなアイデンティティの片隅に居場所を見つけました。恥ずかしがり屋だけど正直で勇気あるスリークの誕生には、イ・ランさんをはじめ、よい音楽家たちの純粋な親切心が本当に大きな役割を担ってくれたのです。ともかく、あのときの異常でしびれるような混乱は過去の感情になって、私の将来の夢は韓国大衆音楽賞受賞から、MBTI[*]性格類型でいうENTP、外交的で自尊心の高い熱い評論家型を目指すことに変わりました。が、あの日のイ・ランさんを、真っ黒な服と白い顔と重いトロフィーを、時折、思い出したりします。

今は、あんなに遠くから見ていたイ・ランさんに手紙を書いていますね。とても緊張する瞬間です。聞こえることはないでしょうが、この時点で咳払いを50回ほどしているはずです。実は、初めての手紙だからか、たくさんの言葉たちを書いては消しているところです。イ・ランさんとどんな言葉を交わせるだろう。イ・ランさんは私とどんな言葉を交わしたいのだろう。私が話したい言葉は、話せる言葉は、そして、最終的にはこのすべての文章が不特定多数の人に公開されることになっているので永遠に話せない言葉たち……考えすぎて単語たちが固くなって、いざとなると画面の空白が思うほど埋まりませんね。

そういえば誰かに手紙を書くのはずいぶん久しぶりです。最後に手紙を書いたのがいつだったのかうまく思い出せません。

---

* 内向的か外向的か、また外界への接し方で、16 種類に分ける性格診断。

この何年かで書いた文章はほぼすべて歌詞になっているので、もしかしたら聞き手を特定しないことに慣れてしまって、ひとりに向けてはなかなか言葉が出てこないのかもしれません。イ・ランさんと知り合ってからの時間は短いけど、むしろ実際に会っていた席では止めどなく話が湧きだしていたのに、画面に向かってひとりで何かを話そうとするとちょっとぎこちなくもなるし。それでもずいぶんひさしぶりに書く手紙が、イ・ランさんに向けた手紙でよかったです。私が書いた最初の手紙の内容がどんなものでも、イ・ランさんの返事はとてもかっこいいだろうし、私はまたそのかっこよさをどうにかして引き継ぐべくベストを尽くして面白くなる予定ですから。だから、私のイントロが響かなくてもがっかりしないでください。私はヒップホップ出身なので、パンチラインでガツンと盛り上げますから。

誰でも同じでしょうけど、最近私の最大の関心事は“大災害の時代にどうやって生き残るのか？”です。そうでなくてもひと月稼いでひと月食いつなぐフリーランスの人生で見通しすら立たないスペース・グレーの未来だったのに、今ではマットブラックになってしまった気分です。実際に私を一番不安にさせるのは、皮肉なことに未来に対する心配です。コロナ時代の前までは、私はそれほど遠く先のことまで考えない人間でした。ふた月程度の計画だけ頭に入れておいてその先のことは後で考えるような人間だったのに、今考えてみるとそれさえも贅沢だったと感じます。だからなのか、最近の状況にはかなり混乱しています。１日に何度も１年後、５年後、10年後の未来を心配しています。コロナのような災難（私は人災だと思っています）と深刻になっていく気候危機は、それでも死ねと言われているわけではないと思いますが、一寸先だけを見ながら生きてきた自分の愚かさを突き付けられました。正気になってみると私は本当にバカみたいに生きてきたんですね。今、ふた月ほどはかろうじて食っていけるでしょうが、ぼんやりとしていたその先は跡形もなく削除されたようで怖いです。最近は別のところに気持ちを集中させないと、はてしなく苦しくなってSNSもあまり見ていられなくて、Nintendo Switchにしがみついているばかりですよ。最初の手紙から憂鬱を並べたてたくはなかったのですが、こんなご時勢に朗らかでばかりもいられないもので、どうか許してください。

イ・ランさんはどんなことを考えながらお過ごしですか？こんなご時勢にお元気ですかと聞くのは失礼かも、と怖くなりますが、イ・ランさんがどんなふうに過ごしているかとっても気になります。どうか、私とやり取りする手紙が役に立たないなんて思われませんように。

2020年8月24日
スリークより

私のイントロが響かなくても

がっかりしないでください。

私はヒップホップ出身なので、

パンチラインでガツンと

盛り上げますから。

イ・ラン《이랑》より —▷ スリーク《슬릭》へ

또한 이름이 두 글자인 슬릭에게

もうひとり、

名前が2文字のスリークへ

　スリークさまへ、スリーク氏へ、スリーク先生。何と書こうか悩んだ末に“スリークへ”で始めてみました。私には“○○さま《ニム》”はインターネットを基盤とした人間関係から始まった流行のような感じがします。私も“○○ニム”をよく使いはしますが、目でみていただけの“うげっ”とか“きゃわわ”を声に出して話すときみたいに鳥肌が立ちそうな感じが少しするので、これからの手紙にはスリークの後に“ニム”をつけるのは一旦やめておこうかと思います。一方で“○○氏”は私が“○○ニム”よりもずっと多く使う呼称ですが、最近の社会では“○○氏”と呼ぶことはあまり肯定的なニュアンスで受け止められていないようです。私が“○○氏”と呼んだときに、時折、相手が「えっ？」と、嫌がっている雰囲気を感じます。“○○センセ《セム》”“○○先生《ソンセンニム》”と呼ぶのもインターネットの影響ではないかと思うのですがどうでしょう？　実はよくわかりません。とにかく、何と呼ぼうか悩んで“スリークへ”で始めることにした、という話がこんなに長くなりました。

　私がプロフィールに毎回欠かさず書く文章があります。「イ・ランは本名です」“イラン”を芸名だと思っている方たちが多く、だからなのかほとんどの人が初めて会ったときから私のことを“イラン”と呼ぶのですが、その声は私には「イ・ラン！」と聞こえます。子どものころ、両親や先生に叱られるたびに激昂した声で「イ・ラン！」と呼ばれたことを覚えているせいでしょうか。大人たちは腹を立てると子どもの名前をフルネームで呼びましたよね*。どうして大人たちがフルネームで呼んでいたのか、いまだにわかりません（いつだったかコメディエンヌのキム・シニョン**さんがテレビで、母親が子どもたちを慶尚道訛りで叱る真似をしていた場面を思い出します。「キム⤴シン⤵ヨン餅をつついたらダメでしょ」って）。

子どものころの友人たちは芸名というものの存在も意味も知らなかったので、苗字が“イ”で名前が“ラン”の私のことを呼ぶときはみんな「ランア」「ランイや」と呼んでいました。少数の観客の前で（無料で）歌を歌いはじめた20代中盤までは私はいつも“ランア”“ランイや”と呼ばれていました。その後、歌手、作家として活動を続けていくことになってみんな約束したかのように私を「イ・ラン！」と呼びだしました。ランイの音楽は“イ・ランのファーストアルバム”になって、ランイの文章は“イ・ランのエッセイ”と名付けられました。どうして自然とフルネームで呼ばれるようになったのか、私もよくわかりません。韓国の社会には“2文字の名前＝芸名”という固定観念があるのでしょうか？　そういえば、**슬릭**《スリーク》の芸名も2文字ですね！（どうして2文字でつけたのでしょう？）

休学をできるだけ引き延ばして7年半もずるずると在籍していた大学を卒業して、なすすべもなく社会人になってから私

---

* 韓国では叱ったり、悪口を言ったりするときはフルネーム、親しみをこめるときは苗字をつけずに名前の後ろに「イ」や「ア」などをつけて呼ぶ。

** ラジオDJ、映画出演のほか俳優の仕事も始め、2022年10月からは国民的長寿番組「全国のど自慢」の司会も務め、活躍の場を広げている。

を「イ・ラン！」と呼ぶ人たちがさらに増えました。やさしく「ランア」「ランイや」と呼んでくれていた子どものころの友人たちはだんだん消えてしまって、仕事で結ばれた関係が多くなりました。「イ・ラン！」にもとっくに呼ばれ慣れているはずなんですが、相変わらず呼ばれるたびに叱られている気分になります。仕事をすればするほど叱られているような、このアイロニカルな気分をどうしたらよいでしょうか？

そういえばスリークが最初の手紙で話していた韓国大衆音楽賞の授賞式でも「イ・ラン！」と呼ばれて舞台に上がりましたね。仕事の間はずっと“イ・ラン”と呼ばれているので、あの日、あの舞台でトロフィーをオークションにかけたのも“ランイ“ではなく“イ・ラン”だったのでしょう。イ・ランが授賞式の舞台に上がることにした、その日の朝、ランイはあれこれと悩んでいました。ノミネートされたと最初に聞いたとき、私は“賞金はいくらかな”とすごく期待しました。私の周りにいる収入の不安定な芸術家たちがたまに賞をとって、数百万から千万ウォン*もの賞金でおいしいものをふるまってくれて、楽しくご相伴にあずかった記憶があるからです。もしかしたら、私にもたった一度の賞金のチャンスが訪れたのではないかと考えるとドキドキしました。ご存知のように観客の絶対数が決まっている韓国のインディーズシーンでシンガーソングライターとして音楽だけで食べていくことはすごく大変なので、もしかし

---

*　日本円で数十万から約百万円。

たら人生でたった一度かもしれない賞金にかける期待はさらに高まりました。私が弘大《ホンデ》*の音楽シーンで活動を始めたころに出会った周りのインディーズミュージシャンたちと「無限に挑戦歌謡祭**」に出演して爆発的な人気者になろう、なんて話を冗談半分本気半分でしていたのを思い出します。10㎝やチャン・ギハと顔たちが「無限に挑戦歌謡祭」に出演する姿を見ながら“もしかしたら次は自分が呼ばれるかもしれない……”とひそかに期待をしていたようです。今は、そんなことを考えていたと、ここに書くことがとても恥ずかしいです……

　結局、「無限に挑戦歌謡祭」はなくなって、韓国大衆音楽賞には賞金がないということも後から知りました。そのときから私は“賞とは何なのか”について悩みだしました。これまでテレビで見た授賞式では受賞者たちはトロフィーや花束を受け取って涙を流していたでしょう？　受賞を逃した候補たちは悔しがる表情を画面に大写しにされないように終始一貫微笑んでいました。

彼らには賞金があっただろうか？
賞金がなくても難なく活動できる人たちだろうか？
“名誉”とやらを手に入れたら、あんなに涙があふれるほど感激するだろうか？
トロフィーはそれ自体で名誉を象徴するだろうか？

---

*　ソウル西部にあるエリア。インディーズミュージシャンが活躍するライブハウスがあり、ストリートミュージシャンも多い。

**　「無限に挑戦」は2005年から2018年に放送されていた韓国の人気バラエティ番組。

> 名誉は今後私が食べていくのにどれほどの役に立ってくれるだろうか？

韓国大衆音楽賞にノミネートされたと知らされた日から、受賞するかどうかはわからなくても授賞式に行くかどうかを決めて返事をする日までは、疑問の連続です。みんな賞金のない賞を受け取るためにどんな気持ちで授賞式に臨むのか、何を着て（服は買う？　買わない？）授賞式の場所はどこで、そこに行くには何に乗って行くのか（バス？　地下鉄？　駅から近いかな？）、賞をもらえなかったらその日私が手放した費用はどうしたものか（その日稼げたかもしれないほかの所得は何か）、受賞したらどんな話をしようか、実は賞金にすごく期待していたなんて話をしようかやめようかと、悩みと疑問は膨らむばかりです。賞金の話をすると「君はどうしてお金の話ばかりするのか？」とまた言われそうで、私がどうしてまたお金の話をするのか裏付ける根拠も探ってみました。あれこれすべてのパターンを考えた末に、スリークがあの日客席で「やだ、どうしてそんなことができるの？」と考えたイ・ランのパフォーマンスが完成したんですね。考えてみるとヒップホップミュージシャンの中ではお金の話を（主に自慢話を）する人が多いですよね。私は今後、ヒップホップミュージシャンになってお金の話をすればいいのでしょうか？

最近やっているいくつかの仕事の中で、手紙を書くことが一番好きです。手紙の特性でしょうか。仕事でありながら仕事ではないような錯覚に陥って、文章を気軽に書くことができます。仕事をしていないときのランイは手帳に日記を書きます。仕事をする日が多すぎて日記はしょっちゅう書けるわけではありませんが、日記を書くときだけは“イ・ラン”がどこかに消えていきます。ランイの日記の内容は“つらい、悲しい、さびしい、死にたい”がほとんどで、同じ内容を何年も繰り返し書いています。一方でイ・ランの文章は時期によってテーマも変えて、文体も変わります。

大災難の時代に生きているふたりの女性アーティストが、今後どんな手紙を交わすのかすごく楽しみです。直接参加していながらも、楽しみに待っているなんて不思議なことですね。最近私は1日中作業部屋であれこれと業務を済ませて家に帰り、毎日災害映画を1本ずつ選んで見ています。スリークが手紙で言っていたように、結局人災である気候危機と災難を扱う映画はあふれるほどたくさんありますね。数十年前から今まで災害映画がずっと伝え続けてきたテーマは“このすべての災難は人間のせいで起きたことであり、今こそ何かを変えられる最後のチャンスだ”ということだと思いました。

数日前、メールボックスの未読メールを整理しただけでも二酸化炭素を減らすことができるという文章を見ました。メールの送受信に相当な電力消費が伴い、メールを保存するデータセンターのクラウドもとんでもない量の二酸化炭素を排出するというのです。コンピューターは自動車のように煙を吐き出さないから、何かを燃やすことで動かしていると意識しづらいだけだそうです。1日に何十回もメールボックスをのぞき込んで、毎朝自動で届けられるニュースレターをいくつか講読している私にとって、頭をぶん殴られるような文章でした。寝る前に携帯電話とiPadを充電して、朝起きて作業部屋に行ってノートブックとモニター、エアコンと扇風機、シュレッダーとマッサージチェアまで電気を通して使っている私には、今日気候危機のために何ができるでしょうか。

スリークのヴィーガン生活についてもゆっくりとお話を聞きたいです。

2020年8月28日
イ・ランより

スリーク《슬릭》より —▷ イ・ラン《이랑》へ

고양이와 대화할 수 있다면

猫と話すことができたなら

　いつからだったか私の名前の後ろにくっつく敬称に違和感を持つようになって少し経ちます。それなのにほかの人の名前にはよくもおかしな敬称をつけて呼んでいたなあと思いますよ……私が一番好きな敬称は“先生《ソンセンニム》”ですが“スリーク先生《ソンセンニム》”と呼ばれるたびにその敬称で呼んでいる人から一番遠くに逃げ出したい気分になることも事実です。だから今日はイ・ランさんではない“ランイ”としてこの手紙を読んでいただくのはどうかと思ってこうして始めてみます（しかし私の中の儒教ガールがほどほどに、と言っております）。

　なんとなくですが“イ・ラン”という名前を持った人なら“イ・ラン”じゃない名前の人よりも芸術家になる可能性が高そうです。とりあえず下の名前がハングルで1文字きりじゃないですか。下の名前は普通なら2文字に統一しようとする（だから私の友人ナム・メアリは友人たちから「メアル《メアラ》や」と呼ばれているそうです）分断国家で、1文字きりの名前を持っている気高さは芸術的です。もちろんほかの職種の1文字の名前の皆さんも、それぞれ適性に合わせて幸せに働けていますようにと祈ります。しかも名前を構成するすべての子音が響く音なのも、それで発音するたびに口の中にやわらかに流れていくのもとても芸術的だと思います。“ランア”“イ・ランア”と口にしてみるとその後は荒っぽい悪い言葉を口にできると思えません。歌詞のある歌を歌う人たちはほとんどだと思いますが、単語たちが口からこぼれていくとき、それぞれが持っている感覚があると思うのです。その中でも“イ・ラン”という単語はやわらかで美しい発音でありながら、ありふれていない独特の名前です。

実は、この手紙を書いている間にうちの猫が1匹迷子になりました。名前はットドゥギ、5歳くらいの猫です。ずっと捜していて、今はできることがなくて、こうやって手紙を書いています。外は雨がたくさん降っているのに、どこで震えているのかとても心配です。どうしてよりによって今日なのでしょうか。どうして台風がやってきた今、猫を迷子にしてしまったのでしょうか。自己嫌悪は猫を捜すのに何の役にも立たないけど、自分を責めずにはいられなくてつらいです。こんなふうに暗い話を手紙に書いて、すみません。

ットドゥギは最初から私と一緒に暮らしていたわけではありません。3年ほど前、今のルームメイトと同居を始めて一緒に暮らすことになりました。私はそれまでは動物を飼ったことがほとんどなくて、はじめは人間以外の動物とライフサイクルを合わせるのがとても大変でした。自己中心的な考えですが、私が望んだ同居ではないので慣れるまでに時間がかかったのだと思います。それでもやっと本当にひとつの家族になって、何年間も1日に何度も愛していると語りかけてきたのに、今はそれができないと思うとすごく悲しいです。

猫との別れをまったく考えていなかったわけではないです。猫と一緒に寝転んで“いつかは別れることになるだろうけど、どうやって受け止めればいいか？”“自分に猫との別れが受け入れられるのか？”と、ときどき考えていたけど、ットドギがいなくなってしまうなんて思いもよりませんでした。いつも噛んで捨てたガムみたいにペタッと私とルームメイトにくっついている猫だったんですよ。昨夜はそうでもなかったけど、ときどき1匹で作業部屋に行って寝ていたのを思い出してそんなこともあるかとスルーしてしまったんですが、本当に、本当にスルーしてはダメだったみたいです。

実はまだ、ットドゥギがいないという実感はそんなにありません。ただ、ぽかんとしています。もしかして本当はどこかにいるんじゃないか、猫だからどこかに上手に隠れていてピョーンと飛び出してくるんじゃないかって、愚かな期待ばかりして。それでSNSに猫を捜している、とアップしました。同居している猫1匹まともに世話できないのかと誰かに責められるのではないかと怖くもなって（実際に責める人もいましたから）、これまで私を嫌っていた人たちが、このチャンスに乗じて私に嫌がらせするんじゃないかと怖くなりました。だけど、この怖さは今どこかで震えているだろうットドゥギの怖さに比べたら大したことないはずです。心をググッと引き締めています。

　ここまで書いて、ひととおり捜しまわってから、また手紙を書こうと机に向かいました。いなくなって2日経つのに、まだットドゥギが見つかりません。焦りがつのります。こんなストレスを間接経験させたくはなかったのですが、こうやって文章でも書いていないと落ち着かなくて、ットドゥギを思いながらもこうして手紙を書いています。何週間か前に一緒に過ごしたイ・ランさんの猫、ジュンイチを思い出します。いなくなってしまったうちの猫もジュンイチと似た模様です。ハチワレはあまりにもありきたりで、今日も何匹か見かけた気がします。うちの猫たちは、韓国で一番一般的な茶トラとハチワレ（タキシードとも乳牛とも呼びます）なので迷子になったら大変だということを、いなくなって初めて切実に感じているところです。きっと見つかりますようにと、何度も祈っています。
　猫と話ができたならどんなにいいでしょう。どうして人間はいまだにほかの種の生き物と意思疎通する方法すらわからずにいるのでしょう。考えてみると人間同士でも言葉が通じない世界で、動物と意思疎通するなんてまだまだで気が遠くなりそうです。動物と一緒に暮らしている人なら、誰だって一度くらいはこんなことを考えたでしょう。私もときどき考えます。「うちの猫たちとたったひと言だけお互いに聞き取れる言葉を交わせるとしたら、どんな言葉をかけるだろうか？　猫は私にどんなことを言うだろうか」。私が選びに選んだひと言は「調子悪いところはない？」ですが、苦心して選んだ結果、猫たちは私に「チョーシって何？」って聞き返してきそうです。

猫を捜して迷いながら感じたことがもうひとつあります。人間は本当に人間以外のほかの動物にはほんの少しの関心も好意もない居住形態を構築してきたということです。特に私が住んでいる再開発区域はなおさらです。隠れるところがたくさんあって野良猫がたくさんいますが、いつ、どうやって取り壊されるかもわからない家々と路地、適当に放置されている危険なごみを見ていると、同じ人間ながら人間の弱さに我慢がなりません。おそらく、こんな事件が起きなかったら私だってずっと気づけないままだったでしょう。そしてソウルは年々、人間しか暮らせない空間に変わり続けているみたいだし、人間も暮らせないところに変わりつつあるみたいです。

頭に浮かぶ思いはたくさんありますが、このくらいで手紙を終えようかと思います。次の手紙では、無事にットドゥギが見つかったという知らせを、必ずお伝えしたいです。イ・ランさんのお返事には私ほどの心配事がありませんように。

2020年9月4日
スリークより

猫と話ができたならどんなに
いいでしょう。
どうして人間はいまだに
ほかの種の生き物と
意思疎通する方法すらわからずに
いるのでしょう。

イ・ラン《이랑》より —▷ スリーク《슬릭》へ

준이치가 불편한 게 '나'면 어떡하지

ジュンイチが不快に思うのが
“わたし”だったらどうしよう

ットドゥギ。ットドゥギの名前は“泥棒《トドゥギ》”と関係があるのでしょうか？　送ってもらった手紙を読んで、ットドゥギのことを想像しながらットドゥギの名前を何度か繰り返して呼んでみました。ットドゥギは今どこを歩いているのでしょう。それともどこで休んでいるのでしょう。ットドゥギや。

私と一緒に暮らしている猫のジュンイチ（15歳）は、10年ほど前に２泊３日で家出をしたことがあります。当時私はジュンイチと一緒に大学の部室で生活していました。入学するとすぐに加入した“電子音楽サークル”（くっ……）に与えられた部室でした。保証金にあてるお金もなく*、毎月の家賃を支払うこともできなくて学校に住むのが最善で唯一の方法だと思ったのでしょう。学校はソウルにあって、実家がソウルに近い京畿道なので、住所の遠い地方出身の学生に押しだされて寮に入る順番に届きませんでした。部員たちはみんな私の友人だったので、私は部室で平穏に生活を始めることができました。部室は学校の本館から少し離れた２階建ての建物にあって、別に鍵もなくて誰でもドアを開けて出入りができるその部屋で（今考えるとどれだけ肝がすわっていたのかと思いますが）ずいぶん長いことジュンイチと一緒に暮らしました。学校のシャワー室でシャワーを浴びて、学食でご飯を食べて、学校のカフェでコーヒーを飲み、学校の図書館で本を読みました。誰か

*　韓国では月々の家賃の代わりに高額な保証金を預ける賃貸形式（チョンセ）がある。

が洗濯機を寄付してくれて、それをサークル棟の男子トイレに設置してありがたく使いました。私が住んでいた部屋は学校の建物を掃除するおばさんが週に何度かモップをかけてくれました。今思うと、ずいぶんいい施設でちゃっかり過ごしていましたね。鍵はありませんでしたけど。

週に何度か会う掃除のおばさんはジュンイチのことをかわいがってくれました（「ナビや〜、ナビや〜」*と呼んでいたのを覚えています）。ある日、私が授業に行っている間に掃除をしていたおばさんが、部屋の中だけでじーっとしているジュンイチをかわいそうに思ってドアを開けて……（ダメ!!!!!）部屋の外を見物できる自由を与えました。たまに私がサークル棟の玄関が閉まっているのを確認して、ジュンイチと廊下に出て遊ぶことがあったんです。おばさんはその姿を覚えていて、その日ジュンイチのためにドアを開けてあげたようです。だけどその日に限ってサークル棟の玄関は閉まっていなかったそうです。授業を終えて戻ってみると、ドアが少し開いていてジュンイチの姿がどこにもなかったのでサークル棟のどこかを掃除していたおばさんに尋ねてみると、快く（!?）答えてくれました。廊下で遊べるようにドアを開けてあげたって。でも私が、玄関が開いていたことを話したら……そのあとのことはあまり覚えていません。どうしてかというと、そこから私は完全にパニックになっていたからです。

---

*　名前を知らない猫を呼ぶときの決まった言い方。ナビは直訳すると蝶の意。

まず学校の建物の周りを調べ、ツイッター（私はいつの間にかツイッターを10年も使っていたようです……）に状況を書き込んでから、情報を待ちました。学校から近い韓国外大の近所でジュンイチを見たという情報が入ると、懐中電灯を片手に駆けつけました。夜も昼もなく、捜しては泣き、泣いては捜しました。食欲もなかったけど、捜しにいかなくてはいけないから元気を出そうと海苔巻き《キンパ》をもそもそと噛んで飲み込みました。

途中で一度だけ、遠くからジュンイチを見かけたことがありました。そのときジュンイチはほかの猫たちと一緒にどこかに走っていくところでした。私はその姿を見つけて大きな声で呼んだのですが。ジュンイチはハッと一度振り返って、すぐにほかの猫たちにくっついてそのまままっすぐ走っていってしまいました。ジュンイチを含めた何匹かの猫は大きな壁の下に開いた小さな穴に次々に消えていって、遅れてその穴の前に駆けつけた私はどうして自分の体が自由自在にサイズを変えられないのかと思うとくやしくて、茫然自失でした。2泊3日の間、たった一度だけジュンイチに会ったその日のことが、今も変わらず強烈な記憶として残っています。ジュンイチは外で出会った友達といることがすごく楽しかったのでしょうか。

ずっと面白く過ごしていたならそれはそれでよかったのですが。3日目の夜明けに、ジュンイチがいつでも入ってこられるようにドアを半分開けたまま寝ていた私の耳に、カサコソと誰かが部屋に入ってくる音が聞こえました。目を覚ますとジュンイチは床のあちこちに真っ黒な足跡をつけて部屋に入り、平然とエサを食べていました。そうっと起き上がってジュンイチがまた出ていってしまわないように素早くドアを閉めてから、注意深くジュンイチの様子を見ると、やせこけた姿で3日前に比べてゆうに2〜3キロは落ちて見えて（実はジュンイチは8キロもあるので、2〜3キロ落ちてもやせこけてはいないのです）、顔のあちこちにひっかかれた怪我がたくさんありました。特に鼻の周りです。あのとき一緒に駆け回っていたほかの猫たちが、どこかの隅にジュンイチを追い詰めてよろこんでひっぱたいたのでしょうか？　ひっぱたくくらいなら、どうしてあんなにみんな一緒に楽しそうに走り回っていたのでしょうか？　今でも謎です。

　ジュンイチが帰ってきてから、私も掃除のおばさんも前よりも注意深く玄関をきちんと閉めるようになりましたが、もしもあのときジュンイチが永遠に戻ってこなかったら、私は掃除のおばさんとどうやって付き合っていたでしょうか？　どのみち同じ空間でずっと顔を合わせていたでしょうから、ずっと恨みながら挨拶もしないで目を伏せておばさんを無視していたでしょうか？　自分の性格からしてそうはしなかったと思うし、なんだかおばさんと泣きわめいて対決して互いの事情を打ち明けあって、そのあとは仲良く過ごしていたと思います。猫がいなくなる原因を作った掃除のおばさんと、おばさんが掃除してくれる学校の建物にこっそり猫を飼って暮らしていた学生が、泣きながら喧嘩したのちに仲直りする短編映画のシナリオを書きたくなりますね。その映画にジュンイチが出るとしたら、ジュンイチはなぜか猫の仲間と楽しそうに走り続ける姿で登場しそうです（みんなー、ジュンイチを殴らないで！）。

スリークが手紙に書いていた“たったひと言だけお互いに聞き取れる言葉を交わせるとしたら、どんな言葉をかけるだろうか？”ということを私もこの15年間、何度も考えました。たくさんのセリフを考えてみたけど、私の立場からではなくてジュンイチの立場から考えて聞いてみたい言葉があります。まさに「調子悪い」という言葉です。これまでジュンイチの調子が悪くなるたびに、その変化をきちんと早目にキャッチできなかった私としては、ジュンイチがそのひと言だけでも言ってくれたらな、と思います。そうすればジュンイチがひとりで苦しむ時間を少しでも減らしてあげられるでしょう？

手紙を受け取る少し前にも“ジュンイチに言ってほしいひと言”についてパートナーと話した日があります。彼はしばらく考えた末にジュンイチが「不快」という言葉と「うれしい」という言葉、ふた言だけ言ってほしいそうです。「不快」と言われたら体でも心でもどこか不快なのか一生懸命捜して改善してあげて、その改善した部分をジュンイチが気に入ったら「うれしい」と言ってもらって確認したいって。ところが少ししてパートナーがこう言うんです。

「でも、ジュンイチが不快に思うのが“わたし”だったらどうしよう？」

　その言葉を聞いてからしばらく頭がガンガンしました。ジュンイチは果たして私と暮らしていることをどう思っているんだろう。最近私はある雑誌社の依頼でジュンイチを話者にしたエッセイの連載を始めました。ジュンイチを話者に話を書いてみると、この質問からますます抜け出せなくなりそうです。ジュンイチは、今幸せでしょうか？　調子が悪いでしょうか？　不快でしょうか？　うれしいでしょうか？

2020年9月10日
イ・ランより

私と一緒に暮らしている
猫のジュンイチ（15歳）は、
10年ほど前に2泊3日で家出を
したことがあります。
当時私はジュンイチと
一緒に大学の部室で
生活していました。

スリーク《슬릭》より —▷ イ・ラン《이랑》へ

쥰이치와 랑이에게

ジュンイチとランイへ

ットドゥギの名前は私がつけたものではありません。ルームメイトが私と同居する前から飼っていた猫です。“ットドゥギ”という名前はご想像の通り泥棒《トドゥギ》と関係があって、“飯泥棒《パットドゥギ》”からとったそうです。飯泥棒を正確に発音したら“パプットドゥギ”じゃないですか。だからットドゥギと言います。ルームメイトはこの名前をかなり恥ずかしがっています。動物病院へ行くとたまに別の名前を書くそうです。もう1匹の猫は“人生《インセンイ》”ですが、この名前もかなり恥ずかしがっています。私はどうして恥ずかしがるのかわかりません。世界にひとつだけって感じがしませんか？

私がこうやって平然と文章を書けているのは、幸いなことにットドゥギが見つかったからです。心配してくれて感謝しています。いなくなってから9日ぶりに家にもどり、今は私の服の山に埋もれてすやすやと眠っています。命にかかわるようなことではないけど、お尻の下のほうを少し怪我していて、ネックカラー*をしています。私はネックカラーをしたットドゥギを見るたびに胸がとても痛いです。ットドゥギはインセンイよりもずっとネックカラーをすることが多いのです。インセンイはットドゥギの匂いが嫌なのか、まだ少し警戒中です。早くまた仲良くなってほしいです。ットドゥギが家出する前の2匹はとっても仲良しだったんですよ。

---

*　猫が腹部などを舐めないように首に巻く拡声器のような形の器具。日本ではエリザベスカラーとも呼ぶ。

ットドゥギがいなくなったと気づいて、私とルームメイトはすぐさま猫探偵を呼びました。いなくなった猫の聞き込み捜査をして捜してくれる専門の探偵です。その人と一緒に何時間か必死に捜していると、隣の家のおばさんがットドゥギを見たと教えてくれました。朝、家の前を掃除しようと門を開けたときに隣の花壇に黒い猫が隠れていたと。「猫ちゃん」と呼んでみても全然動かないので、そのままほうきを手にしたら、ットドゥギはそのほうきがとっても怖かったのでしょう、びっくりして逃げていったというのです。猫探偵と私たちはットドゥギがその家の軒下に隠れているのではないかと考えて、頑張って捜しまわっていましたけど、おばさんの話を聞くと家の近所にいるとは思えませんでした。心がズキンと痛みました。猫は家出をしてもだいたい家の中か、すぐ近所に隠れているので数時間内に見つかることが多いそうですが、ットドゥギはとにかく家の近所から追い出されてしまったので数日かかるかもしれないと言われました。その日からはすべての日常を停止して、ットドゥギを捜すことに全力をあげました。

夕暮れ時、夜中の12時、夜明けごろ。1日3回、1時間くらい町内を捜してまわりました。ットドゥギの名前を1000回は呼んだはずです。インセンイの鳴き声も流してまわりました。複数飼いの家では同居猫の鳴き声に反応する猫もいるというので。ットドゥギは一度も応えませんでした。代わりにとてもかわいい野良猫たちがよく返事をしてくれました。おかげでうちの町内にどんな猫たちが住んでいるのかすっかり把握しました。ットドゥギに会ったらあげるつもりでおやつまでたっぷり準備していったので、私は野良猫たちの人気者になりました。

私たちの家はとても古い共同住宅なので警備員もいないし、CCTV*のようなものもありません。家の周りには街灯もあまりありません。しかも再開発区域なので空き家も多いし猫が隠れる場所があまりに多すぎて、どこをどうやって捜せばいいのか本当にわかりませんでした。近くのマンションのCCTVに映っているかと思って、何度か見せてもらいにも行ったし、区役所が管理するCCTVに映っていないか問い合わせもしました。ットドゥギはどこにも映っていませんでした。よりによって、台風が２回も連続で接近してきた時期でした。貼り出したチラシは全部濡れて、気持ちだけが次第に焦っていきました。猫探偵に熱心に叱られながら、計画していた予定をすべて先延ばしにして捜索を続けました。探偵さんはちょっと言いすぎじゃないかと思うほど、ひどく私たちを叱るのです。たしかに猫がいなくなったのは私たちの過失に違いないけど、さあ猫を捜しに行くぞというときに、怒られることにたくさんのエネルギーを使ってしまって2、3倍は無駄に疲れました。

７日目にいつもの捜索経路を逆向きにまわってみることに

---

*　防犯カメラ

しました。その前日、最後に捜索していたマンション団地は朝日が昇るころにゴミ収集車が来ると聞きました。ゴミ収集車の大きな音でうろついているットドゥギも隠れてしまうだろうと思って、それより早い時間にマンション団地からまわってみることにしました。そして10分後、ットドゥギに会いました。懐中電灯であちこち照らしてマンションの横の花壇を捜していたら、突然ジャジャーン！　ットドゥギが現れました。私たちが大きな声で名前を呼んでも返事はなくて、ただおとなしく座っていました。私とルームメイトはとても驚いたけど落ち着いてットドゥギの前にエサを置きました。それなのに、まったく。ットドゥギは私たちをじーっと見ると、また暗闇の中にすうっと消えてしまいました。むやみに驚いたり怖がったりしているようにも見えませんでした。私たちも戸惑いましたがとりあえず位置が把握できたということだけでも、とてもうれしかったです。猫探偵に電話したところ、そんなふうに行ってしまった猫はどうせもう現れないものだし、翌日は、捕獲器を仕掛けて捕まえるほかないと言うので、その日はそのまま家に帰りました。ットドゥギが元気でいるというだけで安心しながらも、家に一緒に帰れなかったのが悲しくて心残りでした。普段の私はよほど魅力のない同居人だったのでしょう、呼んでも鳴き返すこともなく……会いたくもなかったみたいです。もちろんこんな考え方もとても利己的だということは、よくわかっています。ットドゥギを捜しはじめてから食事も睡眠もまともに取れていなかった対価として、メンタルに致命的なダメージをうけました。1日に何度も申し訳なくて涙が出たり、恨みたくなったり、絶望したりと、あらゆる感情が吹き荒れました。

次の日、猫探偵が捕獲器を仕掛けましたが、エサのおいしそうな匂いがしても、ットドゥギは捕獲器に入りませんでした。夕方の5時から深夜の1時まで待っていた時間も無駄でした。この日の夜が精神的に一番つらかったです。このまま野良猫になってしまうのか（ットドゥギはストリート出身です）、結局家に連れて戻れなかったらこんな荒んだ世界でどうやって生きていけと祈ればよいのでしょうか。猫探偵は、ットドゥギは家を出て1週間経った時点で体力的にだんだんしんどくなるだろうと言います。めちゃくちゃお腹が減っているだろうにどうして食べないんだろう。心配と恨みと悲しみと後悔と絶望、すべての否定的な感情を抱きかかえて眠れないけど眠ろうとしました。

ありがたいことに、探偵さんはットドゥギのことをあきらめませんでした。翌日も捕獲器を仕掛けに来てくれました。でも、その日が捕獲器を仕掛ける最後の日になるだろうと、ットドゥギが捕獲器に入らなかったら、翌日はットドゥギが潜んでいる隠れ家を引っ掻き回して、そのときには逃げ出そうとするットドゥギを無理やり捕まえることになるので簡単ではないだろうと言われました。自分には何もできないというのが一番つらかったです。普段は信じてもいない神様たちをみんな召喚して、どうか、うちのットドゥギが捕獲ケージにかかってくれますように、と祈るしかありませんでした。そうやって待ちはじめて５時間、猫探偵から早く外に出てみるようにと電話がありました。できるだけ早く出ていこうとして靴箱の上の花瓶を割ってしまいました。息を弾ませて外に出てみると、幸いにもットドゥギがケージに入っていました。体中、エサまみれでぐちゃぐちゃだったけど、それほど驚いているようには見えませんでした。まるで“みんな何を大騒ぎしてるの？”という表情でした。こうしてットドゥギは９日ぶりに家に戻りました。

猫探偵さんはットドゥギが少し落ち着いてから病院へ連れていくようにと言っていましたが、体を確かめているときにお尻に大きな傷を発見してしまいました。すぐに24時間営業の動物病院へ連れていきました。診察した先生から、応急処置が必要なほどの傷ではないから次の日にいつもの病院に行って縫ってもらえば大丈夫だろう、と言われました。病院に来たついでに体重も量ってもらいましたが、家出の前とぴったり同じ体重でした。手で撫でたときには明らかにやつれた感じがしたのに、謎です。幸い、それ以外には命にかかわるような大けがや病気もありませんでした。手紙を書いている今は縫ってもらったお尻の傷もだいぶ治ってきて、私の隣で素知らぬ顔で食パンを焼いて*います。

---

*　前脚を体の下に入れて座ったり寝たりすること。日本語では「香箱を組む」にあたる。

猫を失いかけてわかったことはあまりにたくさんあります。２３（うわっ、今うちの猫が急にキーボードの上に乗ってこんな数字を残していきました。なんだか幸運の数字みたいなので修正しないで書き残しておきますね）。まず、お金がないならコンパニオン・アニマルを飼うべきではない、という言葉に切実に共感しました。コンパニオン・アニマルの具合が悪くなったときにお金がなくて悲惨な場合もあるでしょうけど、こんな古い町の古い家に住むことも猫にとって致命的な危険になるということに気づきました。もしもふたたび、ットドゥギかインセンイがこの町で迷子になってしまったとしたら、そのときは本当に、家に連れ戻す自信がありません。だから、真剣に引っ越しすべきか悩んでいます。この家に越してきたときには広くて安い家だと単純によろこんでいたのに、です。それに、コンパニオン・アニマルによって得られるよろこびが無限なのと同じだけ、一緒に暮らすことで生まれるほかの感情もとっても大きいということもわかりました。いつも別れに対する心の準備を繰り返しているけど、こんなふうに突然別れてしまう可能性もあるなんて、想像もできませんでした。

ある存在を愛しすぎるということは、もしかしたら私にできることの中で一番成し遂げがたいことかもしれません。

2020年9月25日
スリークより

ある存在を愛しすぎるということは、

もしかしたら私にできることの中で

一番成し遂げがたい

ことかもしれません。

イ・ラン《이랑》より ―▷ スリーク《슬릭》へ

‘시발 임신했나’ 하는 건 저 혼자가 아닌 것 같더군요

“ヤバい、妊娠した？”って
思うのは私ひとりじゃない
みたいですね

今、夜中の3時半です。家で横になっても眠れなくて、その時間に耐え切れなくなって少し前に作業部屋に来たところです。今年は不眠症も不眠症ですが、寝入っても長く眠れなくてとても辛いです。不眠症とはずいぶん長い付き合いですが、こんなふうに眠ってすぐ目覚めてしまうのは新しい症状なので、これを何と呼べばよいのか悩んでいます。

たまに夜中の作業部屋に来ます。パートナーと喧嘩をして気づまりになったときや、どんなに眠ろうとしても眠れなくて頭にきたときに、作業部屋に来ているみたいです。だいたい憂鬱な気持ちで家を出ることになります。前から気がふさぐと夜中に家を飛び出したりしていました。子どものころは家を飛び出すとマンション団地の中にある遊び場のブランコに座っていました。遅くなると巡回しているおじさんに見つかって叱られて家に戻されることがわかっていたので、巡回の時間になると滑り台の上に登って隠れました。警備のおじさんから隠れるついでに、もしかして私を捜しにくるかもしれない母からも逃げて、滑り台に登って静かに息を殺していると、面白いことが起こりました。それは町の猫たちが1匹、2匹と遊び場に集まってくることでした。猫たちにとって遊び場は巨大なトイレだったのでしょうか？　砂でいっぱいの遊び場に集まった猫たちは、悠々とあちこちを歩き回ったり砂の上を転がったりして、たいそう幸せそうな時間を過ごしていました。夜の遊び場は猫たちのものだということを知ったその日は、とても悲しい日で（悲しくて家を飛び出したのですから）、また、うれしい日にもなりました。

大学生になってから初めて自分の名前で契約した家は、家賃が15万ウォンの屋上部屋*でした。あまりに狭くて、寒くて、暑いところでした。大学に入ってすぐに付き合いだした恋人と暮らすために用意した部屋でしたが、その人と数百回、数千回ケンカしたことだけ覚えています。恋人との喧嘩が長くなると狭い屋上部屋を飛び出しました。子どものころ家を飛び出すと滑り台の上に登ればすみましたが（あそこは思ったよりも安全な空間でしたね）、私が住んでいた大学前の屋上部屋の周りはあまり安全な空間ではありませんでした。憂鬱になって夜中、あるいは明け方に家を出て路地を歩くといろんな男たちが声をかけてきました。大企業の名刺を突き出して“一緒にモーテルに行きたい”と言う人（クソヤロウ）もいたし。夜の外出が安全でないと感じてからは、気づまりでも夜には外を歩き回らないようになりました。今も同じです。自転車で５分の作業部屋に来ればいいし、夜中に道を歩いたり走ったりするのは今でも怖いです。

眠れない時間、私の頭はぐるぐる回っています。強制終了を

---

*　建物の屋上に設置された簡易的な居住空間。夏は暑く冬は寒いが家賃は安い。

してもどうにも電源が落ちないコンピューターのように、同時にいくつもの考えが広がって眠くなる暇がありません。最近私の頭は“堕胎罪廃止*”の件でぐるぐる回っています。数日間、関連記事や文章を探しては読んで、心をしっかり持って自分の妊娠中止の経験についての短い文章をSNSにアップしました。一度も公開したことのない話でしたが、急に“どうしてこれまで話していなかったんだろう？”いや、“どうして隠していたんだろう？”と思いましたね。短い文章をアップしてから、そのときの記憶を少しずつ書いてみようかと思って、最後にはスリークへの手紙に書かなくちゃと思いました。

ふと、２年前に私たちが一緒に参加したステージが思い浮かんだんです。いつもと同じくフェミニズムに関連するイベントでした（私たちはフェミニズムイベント四天王のうちのふたりじゃありませんか）。あの場で初めてスリークと挨拶をしましたね。楽屋でスリークはヴィーガンサンドイッチを食べていて、私はノンヴィーガンのサンドイッチを食べていたのを覚えています。楽屋を出て、私の直前だったスリークのステージを楽しく見物しました。白いつなぎを着たスリークが「これは《イゴン》私のもの《ネッコヤ》！」とラップを始めると観客たちは、はちゃめちゃに飛び跳ねだしました。あの日、あのイベント会場ではトップスをはだけさせた女性たちがずいぶんいました。自分の番になってステージに立ったとき、目の前で楽しそうな表情でトップス

*　韓国では2019年に堕胎罪に違憲判決が下され、2020年末をもって廃止された。

を脱ぎ捨てた（もう少し正確な表現を使ってみます）観客たちと向かい合って歌っていると、ふいに自分もトップスを脱ぎ捨てたいと思いました。そう思いながらステージで何曲か歌って、途中でトップスを脱ぎましたね。あのとき、大きな歓声を聞いてとってもうれしかったのを思い出します。

私が自分の妊娠に気づいたのは、大学3年の短編映画ワークショップの準備期間でした。撮影直前だったのではっきりと覚えています。妊娠の事実を知ったとき、まっさきに考えたのは“撮影はどうしよう？”だったんですよ。15分の短い映画でしたが、その一編を作るために長いことシナリオを書いて、授業を受けながら文章を直し、なけなしのお金で製作費を工面して、周りのみんなに何度も頭を下げてスタッフを集めてようやく準備した撮影が迫っていました。

当時の恋人とは性関係を持つたびにコンドームを使っていたので、妊娠するなんて想像もしていませんでした。生理の予定日が来ても生理が始まらず、やけに胸が張るので不安になって妊娠テスターを買いました。結果は２本線。もしかして安物だから間違っているのかもと思って、さらに何度か試してみても続けて２本線が出たので、慌てて産婦人科に行きました。かなり規模の大きいところで、廊下に長くのびる待合室の椅子には、ずいぶん多くの妊婦たちが座っていたのを覚えています。お腹がめいっぱい膨らんだ女性たちであふれた空間で、なぜか恥ずかしいと感じました。子どもを産む人と産まない人で待合室を分けてくれたらいいのに、と思いました。私を診察した女性医師は妊娠週数とエコー写真を簡単に確認してから産むつもりかと聞くので、いいえ、と答えました。そしてさっさと妊娠中止手術の日付を押さえて病院を出てきました。

私は罪を犯すのだろうか。
こんなふうに１日で決めてしまう人もいるだろうか。
いや、でもすぐに撮影があるから悩む時間もない。
もしかしてこのことを死ぬまで後悔するだろうか。
このことをいつか誰かに話すことができるだろうか？

いろいろな思いが頭に浮かんで眠れませんでした。そのとき私は大学の部室で暮らしていたので、気がふさぐとよく学校の中を散策していましたが、その日も学校の中を歩いては、また歩きました（学校の中は警備員もいて、わりと安全でした）。私に恋人がいるのか、性経験があるのか知りもしない家族にこの事実を話すわけにはいかなかったので、同期の中で一番親しい５歳上の友人《オンニ》にだけ妊娠を伝えました。

手術の日になってまた病院に行きました。相変わらずお腹の大きな妊婦たちでいっぱいの長い廊下を歩くのだけど、そこにいる誰にも望まれていない台無しになったファッションショーのランウェイを歩いている気分でした。赤ちゃんの誕生を祝福するメッセージとパステルトーンのインテリアであふれかえる産婦人科は、私に向かって“ちょっと、雰囲気を壊さないように、考えて目立たないようにしてよ”と言っているかのようでした。手術台に上がると看護師が10から1まで逆に数えるように言うので、10、9、8……そこからは何も覚えていません。

誰かの手に荒っぽく揺さぶられて目を開けてみると、巨大なパッドをつけたパンツをはかされていたので驚きました。手術前には下着をつけていなかったので、眠っている間に誰かがパンツをはかせてくれたのでしょうけど、そのことが突然とても恥ずかしくなりました。看護師が起きろといってあまりに揺さぶるので、手術の記憶がまったくないままよろよろと起き上がり、指定されたベッドに移動して横になりました。1、2時間横になってから家に帰るよう言われました。麻酔が切れると疼くような痛みが襲ってきました。生理痛とはまったく違う腹痛で、鎮痛剤の注射を何度か打っても痛くて声をあげて泣きました。どんどんひどくなる疼痛に気が気でなくて泣きながらも、ドラマで見てきたある場面が頭に浮かびました。妊娠中止手術を受けてよろよろと病院から出てくる、とある女性主人公の姿です。あんなのはお話にもならない嘘です。私はメディアの大きな裏切りを感じました。こんなに痛いのに、どうやってひとりで歩いて帰ることができるのか、って。病院では痛み止めを出せるだけ出したからといって、痛くて泣いている私にそれ以上何もしてくれません。手術が終わったばかりでしたが“今後また妊娠したら、この痛い思いをふたたび経験するのか”と思って、いつか来るであろう２度目の手術をあらかじめ想像しては恐怖に震えました。起こされてから１、２時間後に病院を出るときには、恋人が家から借りてきた車に這うように乗り込んで座りました。大学の部室に着くと年上の友人が保温ポットに入れてきてくれたわかめスープ*にご飯を混ぜて食べました。

その後も何週間かずっとお腹が痛くて、力を入れることも笑うこともできませんでした。今年がんで亡くなった友人が、ひとしきり笑った後には翌日になって体がとても痛いのだと言っていましたが、あのときの記憶と重なりました。笑う行為がこんなにも体に大きな影響を及ぼすのかと、あらためて不思議に思います。ともかく手術が終わってすぐに始まる映画の撮影を準備しなくてはならなかったので、ときどき笑いだしてしまうのを我慢しながらがんばって耐えました。笑うことができないというのとは別に、憂鬱がそろりそろりと近づいてきて、その憂鬱はとても長いことそばを離れませんでした。実はちょうど同じ時期に恋人のお姉さんが出産をしたので、彼はその子の誕生をよろこんで赤ちゃんを見るためにしょっちゅう実家に行っ

* 韓国ではわかめは妊産婦に良いとされ、産後しばらくはわかめスープを食べ続ける。

ていました。そのたびになぜか私の憂鬱がひどくなって。ある日、手術から何か月も経つのにいつまで憂鬱に浸っているのか、と文句を言ってくる彼とひどくケンカして、その直後ではありませんがその人とは別れました。

私は相変わらず妊娠の恐怖に苦しんでいます。“＃堕胎罪廃止”のハッシュタグを検索してはみんなの文章を読んでいると、性関係を持っていない月でも生理が遅れたら“ヤバい、妊娠した？”と思うのは私ひとりではないようですね。いつかやってくるかもしれない２度目の手術の痛みを想像すると、すでにお腹が痛いです。

この短い話を10年以上も抱えながら、１度も文章にしたことがないのですが、スリークに送る手紙に初めて書くことにします。今日もいろいろなことで気が重くなって、夜の散歩はできないけれど、こうやって手紙を書くことができてよかったです。書いているうちに６時になりましたよ。相変わらず眠くなる気配もありませんが、家に帰る前に「これは私のもの」から始まるスリークの歌「私のもの」を聴こうと思ってサウンドクラウド*をひらきました。

　　これは私のもの
　　何様のつもり？　いつから関心あるふりしてやたらと出

---

*　音声共有サービス。インディーズのミュージシャンらが作品を公開することが多い。

しゃばって
上に上がって、私の過去を殺して急いで手を引くんだね
あんたが殺したんだ
わざと誰かのせいにさせるんだ
指を伸ばすんだ
みんなわかってるんだ
みんなわかってる
私のベイビーを持つ権利は私にある
私の生理を話す権利は私にある
私の仕草と言葉は誰のものでもない
何も代わりにならない

スリーク「私のもの*」

私が誰にも話せなかった、話さなかった話をスリークがこの歌の中で素早く正確に話してくれています。ありがとう。

そういえば、ラップはこんなに歌詞も多くて速いのに一体どうやって暗記してライブをするのでしょう？　私は譜面台に歌詞を書いたものをのせてそれを見ながら歌うんですけど……ラッパーは譜面台を使ってはダメなのでしょうか？　急に気になりました。

2020年10月15日
イ・ランより

---

*　sleeq「내꺼야」

私は罪を犯すのだろうか。
こんなふうに1日で決めてしまう
人もいるだろうか。
もしかしてこのことを死ぬまで
後悔するだろうか。
このことをいつか誰かに話すことが
できるだろうか？

スリーク《슬릭》より —▷ イ・ラン《이랑》へ

파트너에게 만약 내가

임신하면 어쩔 거냐고

물어봤어요.

もしも私が妊娠したらどうするか
パートナーに聞いてみました

きょうは本当に変な気分の1日でした。文字どおり1日中眠っていたからです。昨夜はワインを飲みながら映画を観て夜中の3時にそのまま寝入ってしまって、今日は午後3時に目が覚めました。もともとたくさん眠るほうなので、ここまではそれほど驚くことではありません。めちゃめちゃお腹がすいてカレーをバクバク食べてもう一度ベッドにもぐりこんで野球中継の再放送を観ました。そこで、また眠ってしまいました。ちょうどルームメイトが仕事に出かけたので夕方の6時ごろだったと思いますが、目覚めてみると10時でした。本当に食べて寝るだけで1日が消えてしまいました。

ハッとして外に出ることにしました。近所の24時間営業のカフェを検索してみるとたったひとつだけあったんです。仕事を終えて帰ってきたルームメイトと一緒に、夜中の12時近くになって外に出かけました。少し小腹がすいていたので海苔巻き《キンパ》天国《チョングク》でキンパを食べてカフェに行ってみると、スタッフから、コロナでずいぶん前に24時間営業はやめてしまってもう店を閉めるのだ、と言われました。それで再び家に帰ってきました。本当に変な1日です。今はまたベッドにもぐりこんでランイさんに手紙を書いています。

送ってくれた手紙を何度も読んでいるうちに、本当に多くの記憶がよみがえってきました。それらをすべて書き出してみようかとも考えたし、ランイさんが手紙を書いたとき、そして書いてくれた内容を経験したときの感情をあえて想像してみようかとも思いました。そうしているうちに返事を書くのがめちゃくちゃ難しくなってしまいました。この手紙はいつもの返事よりもランイさんに届くのがずっと遅くなりそうで、申し訳ない気持ちになります。あれこれ考えながら時間を過ごしてみると、こうやって誰かと心を開いて手紙のやり取りをするのがどれほど大切なことなのかぼんやりと見えてきます。数々の文章が書かれては消されるのを繰り返している今、結局思いのまま正直に書いた言葉しか残らないのではないか、と心配になります。

　女性として生きるということは、他殺が禁じられていない世界で生きる原始人のように、1日1日無事であることに安堵するどころか驚きを感じることだと思います。いつだって体や心を殺されても少しもおかしくはないのですから。今日だけでも数多くの女性たち、あるいは社会的マイノリティが体や心をずたずたに傷つけられていることでしょう。私もそのうちのひとりかもしれませんが、そうだとしてもそうでなかったとしても、生きて息をしてこの文章を書いている今が驚きです。
　特定の性別だけが“私たち《ウリ》”という言葉に気づくことができるという話をしたいわけではありません。ただ、私たちはある状況、ある空間で特定のサイン に気づくことがあります。すぐに思い浮かぶ例として、女子トイレに入るときの私のしぐさが挙げられるでしょう。私は公衆トイレに入るとき男性だと思われないように、視線をできるだけ下げて両手を特定の角度に下げてからゆっくりと歩きます。誰かが私を見て“無害な人”だと認識できるようにです。そんなサインを表していても誰かに０.５秒以上見つめられたら、自分の声が聞こえるように咳払いをするとか、“あなたと同じ性別ですよ”と伝えられるようなわかりやすい行動をします。

にもかかわらず月に1回くらいは「わっ」とか「ちょっと、ここは女子トイレですけど」って言われます。時にはむしろ、こんなハプニングがその場を早くすっきりと解決してくれるときもあります。私は声を出して「私、女ですけど」と言えるからです。でもこんな一連のハプニングも、私が普遍的な女性の声のトーンを持っていて、体格が小さくて、人に知られている職業だから当然受け入れられるのです。もしも私よりも“社会的女性性”からかけ離れた女性がこんなハプニングに巻き込まれたとしたらもっと困ったことになるでしょう。私はこのことで悔しく思ったり面倒くさいと思ったことは、ただの1度もありません。なぜなら、前にも書いたように、女性として生きていてその一瞬一瞬無事であることにとても感謝しているからです。

こんなエピソードを説明するのは私の手に余るので、家族以外の、すぐに共感してもらえない人との縁がすべて薄くなってしまいました。実際、自分の家族を説得するのも私の言語よりも私を認めてくれる第三者の視線がはるかに効果的なので、どうにかバランスをとって生きているようなものです。こんなに果てしなくて不便で絶対に消えそうもない感受性をぶらぶらとぶら下げて生きている私は、だからなのか、もうオンラインに現れるフェミニズムについての多様な（と書いて“あきれた”と読みます）視点からは大きな感銘を受けることができません。ただ、長い時間が経って、変わらないと思っていたものが最後には変わっていることを願うばかりです。そうはならないとしてもどうすることもできませんが……こんなときは小さくとも自分が残してきた足跡を振り返ったりします。まったく面倒くさいことです。私たちの仕事は。こんなときにはただ酒をたっぷり飲んで、“どうしよっか？”って考えてしまうほうがましだと信じたいですよね、ハハ。

今から書こうと思うエピソードは、私が妊娠可能な人間として体験した奇妙で疲れた出来事のひとつです。私も、何年間も誰にも話せなかったものをランイさんへの手紙を読みながら思い出して書いてみます。忘れようとしていたので正確ではないかもしれませんが、はっきりと残っている部分もあります。

何年か前に付き合っていたパートナーは、ときどき妊娠の可能性が高くなる性関係を求めてきました。そのたびにきっぱりと拒否しましたが、そんな会話のすべてがすっぱりと終わるわけではなく、結局計画にない妊娠を想像してこんな話をしました。もしも私が妊娠したらどうするつもりなのかという質問に、彼は私の選択を尊重すると言いました。中絶するにしても産んで育てるにしても私の選択を尊重して、そばにいると言いました。めっちゃ優しいパートナーとして見られたいみたいでした。私は急に怒りがこみあげてこう言い返しました。

「もしも私が妊娠して出産することになったら、私はひとりで子どもを育てるし、この人生からあなたを排除するよ」

　彼の顔に一瞬の寂しさが浮かんで消えました。それからどんなふうに会話を続けたのか思い出せません。その瞬間だけはっきりと記憶に残っています。なぜ私には怒りがこみあげて、彼は寂しそうにしたのか、それからも関係が続いたのか、数年経った今ではすべてがぼんやりとしていますが、あの瞬間のいろいろな感情がなぜ私にくっきりと跡を残したのか、あえて私が言わなくてもおわかりですよね。ずいぶん時間が経った今の私は、まったく違う世の中に生きていますが、あのときの会話だとか、私が“女らしい”姿をしていないからという言い訳で結局別れることになった彼との関係などが、不意に思い浮かびます。

　あのときの状況と怒りは、自分の無事を守り抜こうと頑張っている私をいまだに縛り付けています。

こんな感情を歌にすることは、果たして私という人間に成し遂げられることなのかいつも疑問を抱いています。フェミニズムを歌うということにプレッシャーを感じませんか、という心配してくれる質問をしょっちゅう受けるけど、そのたびに答えは同じです。私はただ自分が生きてきて感じた気持ちを言葉にしているだけなんです。それがフェミニズムとして解釈されるだけです、って。この質問を10回ほどされたときに“これは多くの人がすぐに感じる気持ちじゃない可能性もあるんだな”と思いました。さらに50回くらい同じ質問をされて“実際私もこんなことが言えるほど大した人間じゃないかもしれないけど”と思うようになりました。大した人間のように見てもらおうと思ってそんな話をしたわけでは決してなかったのに、です。“生存基盤をどこに置くか”という話をしただけなのに、これを取り巻く数多くの論争に驚くばかりです。

この手紙をまとめるために、私はとても遠いところに来ています。日常に埋もれていては私の文章がとうてい完成させられそうにないという口実で、遠くまで来てなじみのない宿泊先でこうやってキーボードを打っています。流れ者の星に生まれついたな、なんて幻想を抱くことに罪悪感を抱えたまま、3時間余りも長距離バスに乗ってきたので、腰がめちゃ痛いですよ。どうか、私の手紙の届いた先が平和とインスピレーションであふれていますように。

2020年10月31日
スリークより

イ・ラン《이랑》より —▷ スリーク《슬릭》へ

랑이처럼 거지인 애가 있나 싶었어

ランイみたいな物乞いの子が
いるかと思って

昨日私は友人のお母さんから100万ウォン*の小切手をプレゼントにもらいました。誰かから小切手をもらうのは初めてだと思います。友人のお母さんは約1年前に亡くなって、あとから友人が母親のものを整理しているときに手に入れた100万ウォンの小切手を、きっと母親がランイにあげたかっただろうから代わりに渡すね、と言うのでした。22歳で出会った友人とそのお母さんはいつも私を応援してかわいがってくれる不思議な人たちです。お母さんは私が家に遊びに行くと「ランイは今日ママと寝よう～」と言いだすちょっと恐ろしい（？）人でした。そのときの一緒に寝ようという提案はお断りしましたが、昨日の小切手はありがたく受け取ることにしました。眺めているとそのお母さんの顔が、声が、ふわりと浮かんでくるこの紙を、果たして銀行に行って現金に換えられるかわかりません。

友人は初めて会ったときの話をしながら「ランイみたいな物乞いの子がいるかと思って」と言うんですけど、“物乞い”という表現に脳細胞が驚いたのか、突然頭の中に20代の私の姿が走馬灯のようにビュンビュン通り過ぎました。お金は本当になかったけれど、自分では物乞いだなんて思っていませんでした。大学は学生ローンでどうにか通うことができて（未来のイ・ランが返すのだと思っていました）、家がなくても学校の部室で（ジュンイチと一緒に）暮らすことができていましたから。本なら図書館で読めばいいし、必要なものは拾って手に入

---

* 日本円で約10万円。

れました。椅子、ハンガー、机、ストーブ、本棚、楽器などなど……同期の友人は路地をうろうろして使えそうなものをうまいこと拾ってくる私に“ヒロイスト”というあだ名をつけてくれました。私はそのあだ名がすごく気に入って肩書に“ヒロイスト”と書いた名刺を作ろうかと思いました。

たまに清涼感を味わいたくなると、私は学校の大劇場の練習室へ行きました。正確な数字は知りませんが私の感覚では数百坪もある広々とした練習室にひとりでいるのは、ほかのどんなことよりも気分爽快です。練習室の鏡に映る自分の姿は綿棒ほど*ではなくても小さく見えて、そこに静かに立ったり座ったりしているとだんだんと寒さがしみてきました。寒さを感じてジャンプしては練習室をぐるぐる回っても、その空間では私の存在はあまり感じられなくて、時には自分の存在をはなから消して２階のテラス（練習室の舞台を高い場所から見ることができる）に上ってがらんとした広い空間を眺めながらしばらく座っていることもありました。そんなときには自分が練習室の幽霊になったみたいでした。そうやって、涼しいのを通り越して寒くなるほど高くて広い空間を心ゆくまで味わってから建物の外に出ると、肌に当たる日差しがあまりに温かくて、すぐまた人間に戻ったようでした。限りなく高くて広い空間の中で人間が感じるこの妖しい感情を何と言い表せばよいかわかりません（だから宗教施設はあ

* コンサート会場が広くて演者の姿が小さく見えるときに使う表現。

んなに高く、大きく作るのでしょうか）。

前に友人と“自分が住みたい夢の家”を絵に描いて見せあったことがあります。子どものころからずっとそんな遊びを続けているのだと思います。子どものころは冷蔵庫やマンションの広告のチラシを見るのが大好きでした。大人になって冷蔵庫を買ったら、チラシで見た写真のように中にはスイカもケーキも入った状態で冷蔵庫を手に入れられると思っていたのです。そのとき私は苺ヨーグルトの銀紙のふたを半分だけ開けて中身を食べて、後から残りの半分を食べようと思うような子でした。半分しか食べていないと思っていた苺ヨーグルトを冷蔵庫にしまっておいて、後から取り出してふたを全部はがすとカップの中にはヨーグルトが残っていなくてショックだったのを覚えています……ともかく、おいしい食べ物がぎっしり詰まった冷蔵庫の広告と、がらんとしたマンションの図面はいつでも私に想像するよろこびを抱かせてくれました。今も変わらず想像を楽しんで遊んでいます。私がずっと描いてきた“夢の家”は天井が高くて部屋が分かれていない、だだっぴろい練習室のような空間です。そう考えると、私はずっと前からそんな家に住みたくて、学校の練習室で過ごすのが好きだったのかなと思います。

日本の仙台で、パチンコ店だった建物をアトリエとして使っている写真作家に会ったことがあります。アトリエは天井の高さが10メートルはありそうで、広さは学校の大劇場の練習室くらいありましたよ。縦横がそれぞれ何メートルもある作家の写真作品が、広くて高い壁面をぎっしり埋めていました。写真たちは自分の重さと重力に勝てずに毛布みたいにたわんでいました。そのアトリエに行ったのは秋でしたが、中はとてもひんやりしていました。出してもらった温かいお茶が恐ろしいスピードで冷めてしまいました。冬になるとシャレにならないほど寒いと言っていましたが、だからなのかアトリエの片隅に木で作った小さな部屋が目につきました。その部屋には驚くことに汽車のように車輪がついています。それでいて、引き戸に窓までついたれっきとした部屋でした。部屋の中に入って窓から広いアトリエ全体を見ていると、まるで巨大なロボットの操縦室で席についているような気分です。こんなに大きなアトリエがあるのに、寒くて空間を使いきれずにこの小さな操縦室の中で作業をしなくてはいけないなんて。あらためて人間のか弱さが感じられました。

　最初に話していた小切手の話に戻ると、友人のお母さんがくださったあの小切手をいつ、どうやって使えば恥ずかしくないのか、数日間、悩みましたね。絶対に必要なものを買うときに使おうか（iPhone12が出たそうですけど？）、普通にコーヒーを飲んでご飯を食べるのに小切手を使ってもいいものか。私がどんなふうに使っても正解だとほめてくれる人だけど、せっかくなら一番かっこいいところで使いたいです。この文章を書きながら家を買うときに小切手を使うのはどうかと思えてきました。いつになるかわからないけど、私が使いたい練習室のように広い家に住む日に、この小切手を出したらかっこいいと思います。ところで、もしかして小切手にも缶詰のように賞味期限があるわけではないですよね？　50年後に使ってもいいのか。急に心配になりました。検索してみます。

追伸

　私は2017年から休まず続けてきた“夢の家”というゲームと少し前に縁を切りました。１面をクリアするごとに賞としてもらえる“星”を使って廃墟となった家を直していくのです。その楽しさにはまって睡眠時間をかなり捧げてきたんですよ。最高レベルまで行ったし、しかもゲーム内で使えるお金もすごくたくさんあるんですが……これからは現実の世界で夢の家を準備するために、ちゃんと眠ってちゃんと起きようと思います。アプリを消すことはどうしてもできなくて、スマホの片隅にきちんと残しておきました。

2020年11月20日
イ・ランより

自分が練習室の幽霊になった
みたいでした。
限りなく高くて広い空間の中で
人間が感じるこの妖しい感情を
何と言い表せばよいか
わかりません。

スリーク《슬릭》より —▷ イ・ラン《이랑》へ

폐허가 '꿈의 집'이
되기까지

廃墟が"夢の家"になるまで

ご友人のお母さんと友達のような関係で過ごしていたなんて、まるで私の想像の中で起こった出来事みたいで気分がいいです。そして恋しいお母さんの小切手を（それも100万ウォン分を！）快く友人に差し出すランイさんのご友人も想像の中に存在するようないい人ですね。エッセイを読んでいても感じたことですけど、ランイさんの周りにはいい友達がたくさんいるみたいで不思議です。本当に愛情をもって相手に接する人って意外と珍しいじゃないですか。私も最近はそれなりに友達が増えたと思ってかなり得意になっているんですよ。私はそんな人間への変身途中なので、ランイさんの友人になったのかもしれません。

自分についてずっと“気が小さくて”、“だから友人があまりいない人間”だと表現してきました。実際に学生時代には友人があまりいなかったし、友人がいたとしてもそれほど大きな友情や帰属意識を持てずにいました。大学に通うまでは人間関係って何だろう、なんで自分はちゃんとした友人ひとり付き合えないで、ご飯を食べるのも、旅行するのもひとりなのか、と自分を責めることもありました。高校時代の友人だけが本物の友人で、社会に出てから出会った人とは本物の友人にはなれない、と言う人がいるじゃないですか。私もずっとそう思っていましたけど、今の私は完全に別の人になって、学生時代に付き合っていた友人よりも最近の3年間で付き合いはじめた人のほうがはるかに多いし、友人のひとりひとりと面白くて大切な関係を築きながら生きているのです。

韓国に生まれたら初めてできる“友人《チング》”ってだいたい同じ時空間（学校や塾）を長いこと共有する人たちの中で出会うし、社会人になってそれぞれ別の職場や共同体に属してからはそれほど“運命的に”長く同じ時空間をともにする機会はほとんどないですよね。だから子どものとき純粋だった友人関係を懐かしく思いながら、もう一度そんな機会を作るのは難しいと考えてしまうみたいです。だけど、私が学生時代に偶然に無作為に出会った人たちの中には価値観と世界観が似ている人はいませんでした。そして、社会に出て親しくなりたい人を選べるようになった今、とても活発に友人を作っています。自分がどんな性格と価値観、好みの持ち主かということを前面に押し出して生きているからか、こちらが親しくなりたいと思っている人たちも大部分は私と親しくしたいと思ってくれるんです。とても特別だし、幸せなことです。考えてみれば私は、気の小さい人間ではなくて、ただ毛並みの違う人と親しく付き合うのは難しい人間だったし、そんな私の毛並みは“ちょっと風変わり”な様子だったのです。だから、今はその風変わりな人たちが集まりに集まって、たくさんの友達に恵まれています。

夢の家の話が出てうれしかったです。私のルームメイトの話を聞いてください。ルームメイト（実名を明かすわけにはいかないのでAとしますね）は、夢の家がはっきりしている人です。自分が暮らす空間についてのくっきりとした青写真が頭の中にあるそうです。ところで私は一度も自分の夢の家を思い浮かべたことがないんですよね。長いこと夢に見てきた空間は“作業部屋”だけでした。思い通りに音楽の作業ができる（そしてひとりで使うことができる）いっぱしの作業部屋を持ちたい、これだけが空間に対する私の願いでした（ルームメイトと住んでいる家に作業部屋を持っていましたが、今また近所に小さな作業部屋を契約しました）。

夢の家がはっきりしているルームメイトのおかげで、私たちが一緒に暮らす家はDIYのインテリア雑誌に紹介されてもいいほど、個人でできるすべての施工作業を経て、好みを打ち出した空間になっています。はじめに引っ越したときには、ほぼ廃墟に近いものでした（音楽をやっている人がひとりで作業部屋として使っていたそうですが、家に対して申し訳なくなるくらい家が虐待されてました）。前の前の住人が置いていった骨董品と変な岩たち（一体何に使ったのでしょうか）、あちこちで拾ってきた中古の品々で埋もれた空間でしたが、今はどちらを向いても家への愛情がむくむくと湧いてきます。ランイさんに直接お見せしたいけどAの私生活もあるので、文章で最大限に描写してみようと思います。

壁ごとに異なる色を選んで直接ペンキを塗って、フロアシートを買ってきて床の色を変えたかと思えば、各種のインテリア小物（私はそれらの存在すら知りませんでした）をところどころにかわいらしく飾ってあります。そのすべての色彩と質感が統一されているなんて信じられますか？　我が家にあるほぼすべてのものがマットなパステルトーンと柔らかな質感を持っています。カーテン、鉢植え、器、椅子、枕カバー、タオル、ゴミ箱、さらにはマルチ電源タップまで。こんな素敵な家に便乗して暮らせるなんて光栄なことです。無限のエネルギーで家を変化させていくＡのおかげで、この家が大好きになりました。大変な仕事を終えて帰ってきてゆっくり休める空間があるというのは本当に幸せなことですね。私ひとりで暮らしていたら、きっと私が嫌いになった前の住人のように暮らしていたと思います。だから新しく契約した作業部屋もＡに任せるつもりです。いつか遊びに来てくださいね。

ランイさんの手紙の寒くて広々としたアトリエを想像しながら、空間とその空間の雰囲気、それを感じる心とその心から表現される数々の芸術について考えました。両親と一緒に暮らしていた家で作った歌と独立した作業部屋で作った歌、走る電車の中で書きつけた言葉と、ぎっしりと満員の読書室で書いた言葉、誰かの作業部屋に遊びに行った経験や宿泊先を決めようと何百枚もの写真を見比べた時間を思い出しました。すると、ふいにどんな空間で過ごすかが、どんな人生を生きていくかを決定してしまうというスケールの大きな考えに至りました。手紙で聞かせてくれたランイさんの経験を想像することもあるけど、想像はひたすらロマンチックですよね。好き勝手な想像ですが、ひんやりとして広くて大きな練習室にいるランイさん、外国の写真作家の素敵なアトリエに遊びに行ったランイさんのことを思い描くとき、いつもその片隅に口をぽかんと開いてその光景を見物している自分を小さく追加してしまいます。私がそんな経験をしたら、どんなことを考えるだろう、その空間で私は明日のスリークにどんな記憶を残してあげられるか期待しながら。

　手紙を書いている間に足首をけがしてギプスをして、手紙を書き終える時点で外しました。たかだか靭帯がちょっと伸びただけなのに、足を引きずって暮らしているので体中がねじれていく気分です。２度と階段のある家には引っ越しするものかと思っています。そのくせ、新しい作業部屋はなんであんな高台にあるのでしょうか（振り返って見た景色が最高だとよろこんでいたくせに）。けがをするのは本当にひどい経験です。心から、ランイさんの健康をお祈りします。

2020年12月3日
スリークより

考えてみれば私は、気の小さい
人間ではなくて、ただ毛並みの違う人と
親しく付き合うのは難しい人間だったし、
そんな私の毛並みは
“ちょっと風変わり”な様子だったのです。
だから、今はその風変わりな人たちが
集まりに集まって、たくさんの友達に
恵まれています。

イ・ラン《이랑》より —▷ スリーク《슬릭》へ

아티스트 '이랑'이 무언가를 만드는 과정

アーティスト"イ・ラン"が
何かを作る過程

前回の手紙で作業部屋を手に入れたという内容を読んで、心の中で拍手しました！　本当におめでとうございます。私もぜひ一度行ってみたいです。小さな作業部屋をどんなふうに作りあげたのか楽しみです（そこにもルームメイトの手が入っているのか気になります）。

私が今使っているこの作業部屋にはスリークも何度か来たことがあるでしょう？　合わせて６人で使っているこの20坪の作業部屋もいつの間にか７、８年の歴史が積み重なっています。その間に作業部屋の姿も何度か変わりました。ソファーに座ってプレイステーションができる空間を作ったこともあって（私はそのころ「塊魂《かたまりだましい》」というゲームにはまっていました）、ロフトベッドを置いたこともありました（ベッドがあるのでしょっちゅうごろごろしていましたね）。今ではだらだらしてしまう時間を制限するために空間を再調整して、空いたスペースには（前回スリークが座った）マッサージチェアだけ置いてあります。

私が作業部屋を持っていると聞くと、ほとんどの人が録音スタジオを思い浮かべるようです。しかし来てみてわかったと思いますが、私の席は“事務”に最適化された状態にセッティグしてあります。私は毎日ㄷの字に組み立てた机と本棚の間に座ってさまざまな仕事を処理します（一番多いのはメールを書く仕事ですし）。先日、某大学芸術学科のオンライン講義では、楽しくなってこのㄷの字の空間にある私の自慢の品々を画面に映して見せました。各種業務のメッセージ／書類の束と私が大事にしているクリアファイル（なぜか韓国式に“クリアパイル”とは言わなくなりました）を見せて、外付けハードディスクを開いて分類フォルダーもすべて公開しました。そうしてみると私って本当に……事務職にぴったりな人間だと思います。ちなみに私の好きな事務用品はクリアファイル、ポストイット、そして電卓です。文房具天国である日本にしょっちゅう行き来しながらライブ活動を行っていた2020年２月までは、日本の文房具店に立ち寄って自分のための事務用品を１万円分買うこともありました。韓国にはない万年筆の質感の出るペン（万年筆ではありません）とノート、電卓、ポストイット、クリアファイルが主なショッピング目録でした。ふだんから心がごちゃごちゃしたときに帳簿を整理したりスケジュール表とメールボックスのフォルダー分類を修正したりします。私のメールボックスは13の大分類のフォルダーの中にさらに13の小フォルダーが続いているものまであります。ハハッ。

　こんなことをしていて、いつ歌詞やメロディーを思い浮かべるのかスリークが心配しているかも、とひとりで思っています。実際、歌はゲームをしながらでも作って歌うことができるし、ファイルの整理をしながらも“クリアファイルの歌”を作って歌うことができます（ふつう、これらの歌はアルバムに収録されませんが）。あ、そして私は自転車に乗ると必ず歌を歌うんですよ。このことは何年か前にふと自覚しました。それからは意識して歌うのをやめようかとも思いましたが、ペダルに足を乗せる前に自然と歌が流れだすんですよね。たまに即興で作った歌を歌うときもありますが、主にいくつかの歌を順番に歌っていることがわかりました。まるで自動再生目録から流れ出すように、です。だから“自転車に乗って歌う歌”のメモを作って自分の口から自動再生される歌の記録を始めました。

ブリトニー・スピアーズ「...Baby One More Time」
ミュージカル『グリース』OST[*]の「You're The One That I Want」
映画『ムーラン』OSTの「Reflection」
2NE1「Happy」
自転車に乗った風景「君にとって僕は、僕にとって君は」[**]
などなど。

再生目録から共通点を探し出せないので、どんなアルゴリズムなのか説明ができませんね……。

前のリストのように、私は自分を記録することにとっても習熟しています。ノート、文書、ビデオ、写真、音声メモがいっぱいになって、私はしょっちゅうそれらを分類して整理してい

*　Original Sound Trackの略。
**　日本でも公開された映画『ラブストーリー』OST。

ます。その中でもう一度見返して面白いのは、口で記録した音声メッセージなんですけどね。眠くて元気がないときや、片手で自転車を押して移動するとき、音声認識機能を使ってメモをします。実に便利なのですが AI が正しく聞き取れないことが多くて、後から見るとどんな内容なのか推理するのにかなり時間がかかります。例としていくつかお見せしますね。

自己複製の方法としてね、こうしてメモするのです。言葉でもってこうしてメモすればこの子がちゃんと受け止めて、キョーワ、オットッケチャント、ハンゴニ、三ボスッテイマス
今日はたけちゃんと判官に散歩しています楽しいです。
Today today I am going to Hanggang with Kissy,Thank you.
夜になったタンタン夜になった。次のシュウ次

解読が難しいと思うでしょう？　実際に難しいのです。
時折、自分がアーティスト“イ・ラン”であるがゆえに、“イ・ラン”が何かを作る過程に一貫して参加して観察できるのが楽しいと感じます。こんな文章を解読するときには過去のイ・ランが出したなぞなぞを解いているように感じます。過去のイ・ランが、理解できないギターコードが録音してあって、

それを聴くときも同じです。録音しておいた歌の音声があまりに小さくて、音量を最大に上げて聴いても何と言っているのかまったく聴き取れないときには過去のイ・ランが憎らしくもなりますが……。

メモがあまりに多いので、メモを見直して聞き直して分類・整理するのもひと仕事です。すぐに整理できればいいのですが、何年間も解決できないものもあって、そんなメモには“ニンジン”の絵文字をつけておきます。インターネットで“ニンジンを振ってください”という言葉が“手伝ってください／助けてください”の意味で使われるというのを知ってから、そうしています。どこかで見たデザイナーの最終ファイル名が“本当に_最終_最終_最後_最終.psd”か何かだったように、これと同じような名前にニンジンが付いたメモたちが私に救出されるのを待っているのです。作り出しては助ける、この作業をひとりでやりながら、ほかの音楽家たちは、ほかのクリエーターたちはどんな姿で過ごしているのかとっても気になります。スリークが作業部屋でどんな時間を過ごしているのか、ある日1日幽霊になって作業部屋の片隅でこっそり見物したいです。

追伸

足首のほうはどうですか？　私は保険仲介人の資格を持っているので、必要なら聞いてください。

2020年12月9日
イ・ランより

時折、自分がアーティスト
“イ・ラン”であるゆえに、
“イ・ラン”が何かを作る過程に
一貫して参加して観察できるのが
楽しいと感じます。

スリーク《슬릭》より —▷ イ・ラン《이랑》へ

좋은 음악이란 무엇인지

무슨 생각을 해,

그냥 만드는 거지 ♫

いい音楽って何なのか

何を考えるの、

ただ作るだけ♫

ランランさん、歌はどこから生まれてくるのでしょう？　今や世の中にはこれまでのいつにもまして多くの歌が存在して、その中には驚くことに私が作った歌も存在するけど、いまだにこの質問がずっと私を追いかけてきます。少し誇張を加えるとすれば生まれてから30年もの間、私は歌の起源を探して生きてきたといっても過言ではないでしょう。それにこの質問よりももっとイライラして気になる（あるいはイライラするほどに気になる）質問がもうひとつあります。“いい歌”はどうやって生まれるのでしょうか？　うー……口に出してみるとさらにイライラが湧いてきますね。だけどイライラとともに答えを出してみたいという欲求もまたムラムラ湧いてきます。いつか、この質問の答えがもうこれ以上気にならなくなったら、私はあまりに悲しくて泣いてしまいそうです。

このイライラは、ほかの誰かによって引き起こされたのではありません。理由はわかりませんが、数多くのインタビューをまめまめしく受けて回っている私は「スリークさんにとっていい歌とは何でしょうか？」という質問はあまりされませんからね。むしろ自責の念に近いイライラみたいです。“いい歌はどこで生まれるのか”“いい歌とは何か”などと考えている時間にいい歌を作っているほうがはるかに生産的なのでしょうけど、大部分の時間をただ“ああ、これ以上こんな質問に縛られていたくない……”とか言いながら、自分自身にイラついているばかりです。キム・ヨナ先生の名言が思い浮かびます。ドキュメンタリーの撮影をしている人が練習前のストレッチをしているキム・ヨナ先生に「何を考えながらストレッチをしますか？」と尋ねました。するとキム・ヨナ先生は「何を考えるの……ただストレッチをするだけですよ」と答えました。今の私にぴったりな、必要な心がけだと思います。いい音楽って何なのか、何を考えるの、ただ作るだけですよ。弁明でもない弁明を若干付け加えるなら、ミュージシャンを夢見て生きてきた私は、完成した歌を世の中に披露する人間になりたかったのではなく、歌を作って歌う過程を愛する人間になりたかったんですね。私が新曲を発表すると、その歌の完成度だとか、また完成度だとか、さらに完成度だとかにばかり口を出す人たちがあまりに多くて、こうやって悲しくて複雑な気持ちを持つに至ったみたいです。

ランラン先生におかれましては、初めて歌を聴いた瞬間を覚えていらっしゃいますか？　何でもいいから何かの歌、ではなくて、誰かがかけた歌の横を通り過ぎたのでもなくて、自ら選んで再生して最初から最後まで聴いた経験です。もちろん私は覚えていません。最初の瞬間は覚えていませんが、中学生のときに塾に行く車の中で、1曲1曲悩みながらMP3プレーヤーに入れた、選びぬいた歌たちを聴いたのを覚えています。初めてプレゼントされたMP3プレーヤーは容量がとても小さくて30曲程度しか入らなかったんです。どんな曲を入れるか、あるいは消すか、ずいぶん長いこと悩んだけど、最近は聴ける歌が多すぎて逆に何を聴けばいいかよくわかりません。ランセンセもそんな気分になりませんか？

最近、友人ともこれに関した話をしました。一体何を聴けばいいのか、何の歌を聴きたいのかよくわからないし、今になっては歌が貴重なものだと思えなくなったのが悲しいって。それで友人は今でもCDプレーヤーで歌を聴くのだと言います。そうやって聴くと1曲1曲集中して聴けて、よりよく聴こえるのだと言います。私にはとても新鮮な解決策でした。私はすぐさまCDプレーヤーを買いました。ああ、否定できない消費の時代です。

いい歌とは何でしょうか？　無害なふりをしながら本音が見える質問だと思います。心の中にこの質問が浮かぶとき、私はこれまで好きだった歌をもう一度聴きながらこの歌が好きな理由は何だろうと考えます。すると、まったく考えたくもなかったのに、心の中の不純な質問がゾロゾロと追いかけてきます。この歌が好きだと言えるだろうか？　音楽についてよくわかっていない私だけが、この歌を好きなのだろうか？　私が尊敬するAがこの歌はイマイチだと言ったら、そのときから私にもこの歌が違って聴こえるだろうか？　こんなにいい歌がすでに世の中に存在しているのに、私はどうしていい歌を作り続けようとしているんだろうか？　もちろん何かいい歌1曲が存在するからといって、ほかのすべての歌がその下に置かれるような垂直的な関係ではないでしょうけど、なぜか多くの人がそう話す光景をしょっちゅう目にしてしまいます。そして、時間が過ぎてその言葉が私の中に響くときは、おかしなことに自分の声になって聞こえてくるのです。こんな根拠のない雑念が頭の中をぐらつかせると、歌を作る行為はもう心に響かなくなるんじゃないかと怖くなります。

　羞恥心を抑えて、とても私的な経験を歌にしたことがあります。要するに“酒の勢いで告白したけどふられた”という主題の曲ですが（マジで最高に私的でしょ）その歌が本当に多くの人に愛されました。今になって考えると、恥ずかしすぎるのでタイトルは秘密にしておきます。歌詞を書いて、録音するときに“一体この歌に込められた醜さを誰が聞き分けてくれるだろうか”“アレンジとミキシングでどうにか美しくパッケージしよう”と考えながら歌を作ったのですが、皮肉なことに私の歌の中で一番多くの人に共感される歌になりました。内容的にも、音楽的にも、です。それから私の中で“いい歌”に対する定義がかなり修正され、さらにはその過程も歌にしました。本当に、私はどうしてこうなのでしょう。

それでも、世の中にはいい歌が本当にたくさんあって幸せです。好きな歌がたくさんあってうれしいです。それらの歌を好きな理由がそれぞれ違うのもいいです。スタート地点ばかり多くて、終わりのない雑念でめまいがしても、ふと、いい歌を耳にすればその歌を作った人の頭の中、気持ち、指先などを長いこと想像します。そうすると大型スーパーを何時間もぐるぐるまわってからふかふかのソファーに座ったときみたいに、大きく息がつけます。いい歌を作る人がいい人だなんて思い込みは何百回も砕けましたが、目には見えなくて手で触ることもできない（まるでこんなことがめちゃくちゃ大事なことみたいに言っていますよね）、つかむこともできなくて、ほかの言語に置き換えることもできない、一瞬一瞬を愛する気持ちがずっと積み重なっていきますように。いつかは私もそんな歌を作ることができるかもしれませんから。そんな気持ちで、新しく準備している作業部屋に吸音ボードを１枚１枚貼っているのです（何度も足りなくなって、すでに20回以上追加注文をしています。大ごとです）。

子どものころから“移動”するときには必ず歌を聴いていました。自転車に乗るときにはイヤホンができないので、ひとりで鼻歌を歌ったりもして。歌詞を暗記している歌はあまりないのでよく歌う歌は決まっていますが、たまには歌詞のない歌も歌って、まだこの世に存在しない歌も歌います（実はすでに存在している可能性もありますね）。そんなときは、何かインスピレーションが湧いてメロディーを口ずさむのではなくて、適当なメロディーとリズムをランダムにつなげたりします。そして、それらが正式な歌になったことは一度もありません。私はあまり記録をしないので、そのまま宙に散らばっていきます。特にもったいないとも思いません。あ、猫と一緒に暮らしているので、歌詞のすべてを“インセンイ”と“ットドゥギ”に変えて歌うという楽しみも生まれました。例えば、童謡の「学校の鐘」をこうやって替え歌にするんです。

“学校の鐘キンコンカン、さあ集まろう。
先生が僕たちをお待ちだよ。”
“センイセンイインセンイ、センセンインセンイ。
ドゥギドゥギットドゥギ、ウリットドゥギ。”

本当に飽きのこない、よい趣味です。ランランセンセも一度やってみてください。歌が口から出る直前に、歌詞を２音節、あるいは３音節にさっと切って自分なりに歌いやすい感覚を見つけて（例えば“ドゥギ”とするのか“ットドク”とするのかなどを決めておくんです）歌ってみて、語感がぴったりはまると気分がよくなります。インセンイとットドゥギもまんざらでもない様子です。

足首のこと、心配してくれてありがとうございます。それなりにまじめに診療確認書やら領収証やらをスキャンして保険会社に送りました。足首は同じ部分を何度もけがするので保険会社に疑われないかと（何を？）心配です。私は足首も弱いし、腰も弱いしあちこち悪いところがあって頭が痛いです。

何日か前にポルトガルの女性画家、ポーラ・レゴのドキュメンタリー『ポーラ・レゴ、秘密とストーリー』を観ました。ドキュメンタリーの中で、彼女が長いこと闘病していたパートナーと死別して感じた複雑な感情の中に、一抹の解放感のようなものもあったと聞いて、わけもなく胸がズキンとしました。周りの人たちに迷惑をかけてまで生きたくはないけど……メンタルだけでもしっかりとしていようと思います。不思議なことにどこか具合が悪いと気持ちがしゃきっとするのです。ランランセンセもどうか悪いところがなく、健康でいますように。ランランセンセは私にとっていい人であり、いい歌でもあるのですから。

2020年12月22日
スリークより

ふと、いい歌を耳にすれば
その歌を作った人の頭の中、気持ち、
指先などを長いこと想像します。
いい歌を作る人がいい人だなんて
思い込みは何百回も砕けましたが、
目には見えなくて手で触ることも
できない、つかむこともできなくて、
ほかの言語に置き換えることもできない、
一瞬一瞬を愛する気持ちが
ずっと積み重なって
いきますように。

イ・ラン《이랑》より —▷ スリーク《슬릭》へ

어떤 아픔은 절대 잊히지 않습니다

ある種の痛みは
決して忘れられません

手紙を受け取って私が好きな歌について考えていたのですが、ふと“私の好みは本当に自分で作ったものだろうか”という疑問が生まれました。子どものころ、カナダに移住したおばが送ってくれたハングル字幕もないディズニー映画のビデオテープを数えきれないほど繰り返し観ながら、そこに出てくる歌を暗記して歌っていました。それなりに英才教育だったのかもしれませんが、私は英語といえば実生活で使う簡単な会話ぐらいができて、カラオケに行けばディズニーの歌をよく歌う大人になりました。

恋愛するようになってからというもの、恋人が聴く音楽をまねして聴きました。日本の漫画が好きな人と付き合っていたときはアニメのOSTを聴いて、テクノが好きな人と付き合っていたときはダフト・パンクの音楽を聴いて、憂鬱な音楽を好きな人と付き合っていたときにはシガー・ロスやデミアン・ライスの音楽を聴いていた記憶があります。そういえばヒップホップを聴く人と付き合ったことがありませんね。この辺りはスリークとプレイリストを共有したくなりますね。

音楽活動を始めてからは、一緒にライブをしたミュージシャンやバンドと互いのアルバムをたくさん“トレード”したのを思い出します。サッカーの試合が終わると相手国家の代表選手とユニフォームを交換するように（あの汗まみれのユニフォームを本当に家に持って帰るのでしょうか？）ライブが終わると、CD売り場の前でお互いのアルバムをやり取りする時間がありますよね。あのときに相手が私のアルバムだけ受け取って自分のものをくれないと戻ってから「チェッ」って言ったりもしてね。私はいつも（ディズニーではなく）“何を聴けばいいかな？”と悩む人間だったので、トレードで受け取ったいろいろなアルバムを聴くのは気持ちが楽で好きなのです。

でも文章を書きながら“歌詞のある音楽”を聴くのはすごく難しいです。それで普段文章を書くときはインストゥルメンタルのプレイリストを流しています。今は“Under”という名前のプレイリストを聴いています。2020年の7月にがんで亡くなった友人のドジンが闘病中に作ってくれたものです。私が文章を書くときに聴く音楽を探してさまよっているのをかわいそうに思ったのか、病気がつらい中でも約40曲の歌詞のない音楽を厳選して作ってくれた大切なプレイリストなのです。昨年からこのプレイリストが定番で、文章を書く日には、1曲目から再生ボタンを押して耳に馴染んだ曲たちをリピートして聴きます。プレイリストの説明欄には「埋もれてしまった考えを整理するときに聴きます」という文章が書いてあります。まったく彼らしく優しくてかっこいい文章です。

闘病していた友人の体調が悪くなかった2020年6月のある

日、私たちは一緒に江原道襄陽《カンウォンドヤンヤン》＊の海辺で砂蒸し風呂をしてからちょっとした登山もしました。ちょうどその年最後の部分日食がある日でした。宿泊先に戻って砂まみれの足を洗ってひと息ついていると、突然友人のひとりが「影が変だよ！」と叫んだのです。「もう、何言ってるの〜、影がおかしいなんて」と言ってスルーしようとした瞬間、誰かが「あっ、今日あの日じゃない、部分日食！」と言ってニュースで見た内容を思い出しました。あらためて見ると本当に影がいつもと違いました。それから私たちは部分日食を自分の目で見るべく大騒ぎを始めて、結局5個くらいサングラスを重ねてかけて思いきり目を細めてようやく、ひと口かじり取られたような太陽の姿を確認しました。あの日撮った写真の中の、山も海もおかしな影とともに楽しんでいる私たちの顔もすべてあまりに美しくて、何度もその写真を見つめてしまいます。

　昨年７月、ドジンが亡くなったのと近い時期に子どもを看取った友人と、時折夜中に話をします。その子は生後２か月でこの世を去りました。コロナ時代なので、自由な面会も難しくてもどかしい状況でした。生まれてからすぐに心臓手術を２回も受けた子が記憶しているのは、ただ病院の風景だけだっただろうか、と思ってひとりでふさぎこむこともありました。その友人はミュージシャンなので、子どものための歌を作って毎日

---

*　韓国の東海岸に面したリゾート地。

面会のたびに子どもを抱いて何度も歌を歌ってあげたといいます。どうかその子がママの歌をうれしく記憶していますように。

いつの間にか半年過ぎましたが、相変わらず旅立ってしまった人が恋しくて泣いてしまう日には自然とメッセンジャーを立ち上げて友人の調子を尋ねます。どんな時間に、どんな瞬間に泣いたのかゆっくりと話していると、互いにまだ泣いているという事実に慰められます。最近、友人がこんなメッセージを送ってきました。

「今日やっと自分の痛みに気づきました」

痛みはゆっくりと深く近づいてきて、ある種の痛みは絶対に忘れられません。

私は何年か前から、長いこと忘れられない性暴力被害の経験について少しずつ話をしはじめました。親しい友人に話し、加害者と直接話したこともあります。いまだに話せないことももちろん残っているし。SNSで10代で経験した酷いことについてちょっと言及した日、加害者の知人から連絡がきました。電話に出たくなくて電話のベルが数十回も鳴るのを無視して、翌日になってようやく話をしましたが、“あなたのつらい経験はよくわかるけど、話すのが遅すぎるから助けてやれない”と言われました。わざわざその言葉を言うために数十回も電話をかけたなんて信じられません。それでも痛みについて話す人たちはもっと増えていくでしょうね？　私はいろいろな人たちと話せる機会を探し続けています。この手紙もスリークと“一緒”だからすごくうれしいです。

2020年に遠くへ旅立ってしまった恋しい人たちをおいて、いつの間にか2021年になりました。新しい年度を書くのがぎこちなくてしょっちゅう20201年とタイプミスをします。昨年末から理由のわからないひどい頭痛が始まって、数日は身動きも取れずにベッドに横になって寝込んでいました。体を起こすことも、簡単な文章を書くこともできなくてみんなと「新年にたくさんの福を《セヘボクマニパドゥセヨ》！」と短いメッセージをやり取りすることすらできませんでした。昨日までは“これで本当にお終いなんだな”と思うほどつらかったのですが、今日は頭痛が少しましなので手紙を最後まで書こうと作業部屋に来ました。今日こうして手紙が書けて幸せです。これからもっと良くなるか、もっと悪化するかわかりませんが、頭痛の推移を見てまたお知らせします。スリーク、新年にたくさんの福を！

追伸

もうすぐ私の誕生日です（1月5日）。セルフ誕生日プレゼントとして家で音楽を聴くことのできるオーディオ機器を買いたいです。コロナに頭痛にジュンイチの看護もあって、家にいる時間が増えて、持っているLPとCDを一気に聴いてみたくなりました。悲しいことに私は今まで自分が出したCDもLPも聴けなくて、ずっとiPhoneとノートブックで音楽を聴いてきました……おすすめのアイテムがあったら教えてください。

2021年1月2日
イ・ランより

どんな時間に、
どんな瞬間に泣いたのか
ゆっくりと話していると、
互いにまだ泣いているという
事実に慰められます。
痛みはゆっくりと深く近づいてきて、
ある種の痛みは絶対に
忘れられません。

スリーク《슬릭》より —▷ イ・ラン《이랑》へ

느리고 확실하게

무너져내리고 있습니다

ゆっくりと確実に

くずおれつつあります

「新年にたくさんの福を《セヘボクマニパドゥセヨ》！」クリスマスにキャロルが街にあふれるように、みんな新年が近づくと“福”を口ずさむようになります。“新年の福《セヘボク》”って何なのかよくわからないけどみんながばら撒いてくれるので、なんだかかわいらしくて気分もよくなります。新年最初に聴く歌を新年の願い事のように選ぶのだという友人に会って、私も新年最初に聴く歌を選んでみました。日本のアニメ『ふしぎ星のふたご姫』のオープニング「プリンセスはあきらめない」の中の「とりあえずプリンセスだから失敗しても大丈夫」という歌詞が気に入っていて、思わず歌い続けてしまいます。私たちはみんなプリンセスだから失敗しても大丈夫です。この歌と一緒に楽しく新年を迎えましたが、実は、私は今かなり憂鬱な日々を過ごしています。年は変わりましたが、状況はなかなか変わらないみたいです。

　憂鬱な気持ちに襲われて耐え難いことのひとつは、ずばり音楽が耳にうまく入ってこなくなることです。自分なりによい音楽を見つけては聴いて、その中に込められたインスピレーションや美しさを見つけることが生きがいなのに、憂鬱が深くなるとどんな音楽を聴いても心の深くまでは届きづらくなってしまいます。そんな中で静寂もまた耐えがたくて、怪談ラジオや野球ニュースみたいなものを流しておくと、タイムラプスの映像の中で1日を過ごしているみたいに、あっという間に時間が過ぎていきます。なんにもしなくても、日が沈んではまた昇って、自分ひとりだけがベッドの中で腐っていくような日々を過ごしています。もしも、この手紙がいつもよりも遅くランセンセに届いたなら、おそらくこんな泥沼から抜け出せなかったためでしょう（あらかじめ謝っておきます）。

こんなふうに自分のことをケアしなくなったのも、おそらく新型コロナの影響が大きいのでしょう。いきなりまったくの役立たずになってしまって、何のために自分を整えればいいのでしょう。前向きに考えようとしても、火もつかない薪に風だけを送っているように感じます。この巨大な悲劇の小康状態の中で、私個人がひとりでできることなどなさそうだけど、私の周りにはほとんどいない遠くの個々人と団体が妨害されているニュースに接して、日が沈んではまた昇るように、ゆっくりと確実にくずおれつつあります。疫病にかかろうがかかるまいが、みんなで物理的に集まり神を崇めなくてはいけない人もいるし、感染経路の追跡を困難にしながらもいかがわしい夜の店に行かなくてはいけない人もいるのですから。こんなときには、ただダウンしていることを認めて病院へ行くほうがはるかにましな選択ですよ。初めてうつ病と診断されたときには、その原因が何なのかわかれば対処できると思っていたけど、今になって考えればそうでもありませんね。なんてことでしょう、この手紙はどこまで落ち込んでいくのでしょうか。バレバレの変装をぱっと脱ぎ捨てたポケモンのロケット団になった気分です。

新型コロナでコンサートやイベントが次々にキャンセルになって時間が増えたので、新たに趣味を作りました。それが筆写です。誰かにいい記事をオススメしてもらうと、後で時間ができたときに読まなくちゃって思って、ブックマークだけして、結局全然読んでいなかったんですよ。記事だけじゃなくて掃除に役立つ裏技や視力がよくなる眼球運動、簡単な自炊料理のレシピなどなど、今じっくり読まなくてもいい（正確には今じっくり読むのは面倒だけどいつか役には立ちそうな）文章はすべてお気に入りとコレクションに入れて増え続けるばかりです。１日中テキストを読みまくって目が乾いて赤く腫れても、一体何を読んだのか考えてもまったく思い出せないこともあるし。意味があって大切な文章が今目の前に広がっているのに完全に集中できそうになくて怖くなって、ノートを広げて１文字１文字他人の文章を写してみました。ところが私の書いた字がひどくて、見ていられませんでしたよ。ちょうど方眼ノートがあったので原稿用紙に書くように四角のマスを埋めながら、書き写した文章を何度も読んでいると、これまで一瞬だけ輝いては揮発していった思考が少しずつ刻まれていくようでうれしかったです。

そうやって１週間ほど、時間ができるたびに筆写をしています。一番いいのはスマホをいじる時間が減ることです。大したこともないSNSを習慣のようにきょろきょろのぞいて、刺激がなければ有害で非生産的なテキストが集まったコミュニティの掲示板をわざわざ見に行っては傷ついたりしていましたけど（本当になぜこんなことをしているのかわかりません）、一編の文章を、時間をかけて書き写しているとスマホをのぞき込む時間が半分の半分に減りました（もちろん書き写す記事はスマホで見ますが……）。長いテキストを最後まで読む経験もとても大事だし。筆写をしてから読書をすると、ひとつの文章にとどまる時間も長くなるのがいいです。入試の勉強のときの癖がいまだに抜けないのか、一段落読むときに何かのチャレンジでもしているみたいに速読してしまうんです。手が少し痛くなるという副作用もありますが、つねに体のあちこちが痛いのであまり気になりません。休まずに筆写を続けて習慣にしたいのですが、うまくいくかわかりません。すべてのことにあっという間に飽きてしまうので……（もう大変です）。

憂鬱さ、あるいはほとんどすべての痛みと傷を克服することよりも、それが心に残していく痕跡が少なくなるように時間を過ごすことが大切だと思います。それで、たまにとても長い時間をかけて筆写をします。2年くらい前にはナノブロック（とても小さなサイズのブロックで集中力と時間をめちゃくちゃ必要とする趣味です）にはまっていたのですが、それも同じ理由だったみたいです。私は自分の憂鬱を誰かに話すことで、その憂鬱を伝染させてしまうのが怖くて“病院に通うこと”と“時間をかけること”を選択しました。でも痛みの経験を共有することこそが、深い記憶から絶え間なく滲みだす憂鬱と傷跡から、もっとも速やかに遠ざかることのできる最善の選択だと思います。

痛みについて話す人の前に座っている、もっとも優しくも無知な人の反応はおそらく「早く克服できるといいね」あるいは「早く良くなって！　健康第一だよ」ではないでしょうか。私も最近、疾病嫌悪とケア労働について勉強していて、私たちは相手の痛みをあまりに簡単に他者化して非正常化するということを知りました。痛みの経験について語るときもっともよくある（あるいはあるはずの）リアクションが“他者化”なので、痛みを抱えた人たちはそれについて語るのを恐れるのだと思います。もちろん、それ以前に痛みの経験を内面から言語として解きほぐすことにも、大きな勇気とものすごい忍耐、きりのない検閲と、またさらに大きな勇気が必要な仕事ですけど。そうやって井戸の底に届いた水桶を地上まで引っ張り上げるように、深いところから外に引っ張り出した痛みに“話すのが遅すぎるから助けてやれない”って言葉を言うために、数十回も電話をかけてきた加害者の知り合いのことはセーラー・スリークの正義の名にかけて許しません。

私もまた、これまで優しくて無知な顔の“健康伝道者”として生きてきてやらかした失礼な歴史を反省するようにもなりました。私は痛みについて語ることに（特に歌ではない散文として書いていく行為から）まだ、わかりやすさより乱雑な感じを受けてしまいます。しかし、痛みについて語りたい人がいたら、私たちはその人が望むだけの時間、場所、言葉遣いと聞き手のそろった環境を用意してあげなくてはなりません。そしてランセンセの言葉のように、私たちが痛みについて語る機会がだんだん増えていくことを切に願います。私がそんな機会を作る役に立てますように。痛みについて私に話してくれて感謝します。

互いに遠くにいても心だけは一緒にいられる、っていう言葉は実に美しいけれど、だんだんと怖くなります。こうやって手紙を書くこともうれしいけど、すぐそばでもっと小さくて微妙な、だけどはっきりと存在する信号を、感知しあって理解しあって、同じ空間に流れる雰囲気を共有しながら“また会おうね”って話しかけたいです。痛みについて話すランイセンセのそばでどんな言葉で慰めを（敢えて？）、共感を、理解を差し出すことができるのかと頭をひねっている間、言葉では表しがたい気持ちを沈黙で分け合いたいです。一緒にコーヒーを飲んで、コーヒーの入ったカップはどこで作られたものか考えてみたりしたいです。ごはん時になってレストランに向かう間、近所に住んでいる友人を思い出して一緒に食べようと呼び出したいです。新年の福も遠隔転送が可能でしょうか？

2021年1月18日
スリークより

イ・ラン《이랑》より —▷ スリーク《슬릭》へ

문신을 새기고 온천에 가고 싶습니다

タトゥーを入れて
温泉に行きたいです

返事が遅くなりました。それでも、私の心と頭の片隅にいつでもスリークがいるということをわかってください。去年、手紙のやり取りを始めてから自然とスリークのことを考えることが増えました。私が実の姉[*]のことを考える頻度と同じくらいです（それがどのくらいなのかわからないと思いますが……）。普段よく顔を合わせて会話をする相手でもなかったスリークに対して生まれた、このさわやかな執着が不思議です。明け方早くに、午後遅く目が覚めたときに、自転車に乗っていて、ご飯を食べていて、“スリークに手紙を書かなくちゃ”と思う時間を集めて、手でつかめる何かを作って見せてあげたいです（それこそが手紙なのでしょうか！？）。

前回の手紙でスリークが筆写するという話を読んで、びっくりしました。私はこれまで生きてきて筆写は一度もやったことがないのです。一体どんな思考の流れによってスリークが筆写することになったのか（手紙にも書いてあったけど）ほんとうに不思議です。“ちょうど方眼ノートがあった”ということにも驚きました。方眼ノートのマス目のサイズが気になります。原稿用紙のような小さなマス目なのか、漢字ノートのマス目のような大きな四角なのか。

漢字ノートを思い出したせいで、私が何か月間か苦しんでいた“KUMONの漢字”の記憶が自動的に呼び出されてしまいました。日本と自由に行き来ができていた2019年のことで

---

*　イ・ランの姉、イ・スルは 2021 年 12 月に自ら命を絶った。

す。当時の私は少なくとも１、２か月に１回は日本に出張する仕事がありました。数年間現地で覚えた生の日本語を駆使して（周りには韓国語ができる人が誰もいなかったので）日本人と会話するぶんには問題はまったくありませんでしたが、漢字はよくわからないので日本語を読むのは限りなく苦手でした。2011年から公演で行き来するようになった日本での仕事がだんだん広がってきて、その間にファーストアルバムとセカンドアルバムはもちろん、私のエッセイ集も小説集も翻訳して出版されました。自然と日本の作家たちと交流することになって彼らから本をプレゼントされることも増えましたが、漢字が読めないことで感じるもどかしさが次第に大きくなりました。

　そんなある日、作業部屋の近くでご飯を食べて帰る道でプレゼントと思しき小物を積み上げて、屋台のようにぱあっと明るい“KUMON”のブースを発見しました。ひとりでは近よりがたい風景だったので一緒にいた作業部屋の同僚のハン・ユジュ（小説家）を丸め込んで一緒に明るいライトが導く“KUMON”のブースへ近づいていきました。少し寒い日だったからか、その場所はとりわけ暖かくぱあっと明るく見えたのを覚えています。私たちはゲームのノンプレーヤーキャラクターのように“KUMON”のブースを守っている中年の女性にアドバイスしてもらい、即断即決で“KUMONの漢字”に登録して小さな弁当箱をプレゼントにもらって作業部屋に戻りました。だけど、いざ“KUMONの漢字”を始めてみて、韓国と日本と中国の漢字がすべて違うことを知りました。しかもその3種類の中で一番複雑なのが韓国の漢字なんです。そのときに科目を日本語に変えてもよかったのでしょうけど、私がけしかけて一緒に漢字の勉強を始めたユジュ姉さん《オンニ》に申し訳ない気持ちもあって“どうせ始めたんだし、韓国の漢字も知らないからとりあえずこのまま続けよう”と思って、週に1回来てくれるKUMONの先生の前で小さなテストも受けながら漢字を数十文字ずつ覚えはじめました。だけど、あまりに複雑で覚えられない漢字が登場しはじめてからは、それよりもはるかに簡単な日本の漢字を思い出しては“これは日本では使わない漢字なのに、覚えてどうするの？”と、やる気がなくなって結局……と、なりました。私の本棚の片隅にはいまだに解決できない“KUMONの漢字”の数十週分がたまっています。いつか、限りなく暇な日に引っ張り出して勉強しようと思って突っ込んでおいたのですが、今どれだけたまっているのか確認しようと7か月ぶりに引っ張り出してみました。

スリークの筆写はいつだって気軽にやめることができてうらやましいです。毎週ショートメッセージを送ってきてドアをノックするKUMONの先生もいなくて、毎月自動で引き落とされるお金もないから、負担なく筆写の瞬間を楽しんでくださいね。

今年、私は공연《公演》のㄱの字、라이블《ライブ》のㄹの字の入った提案をまだ一度も受け取れていません。去年何回か経験したオンラインライブに少しは慣れたかなと思ったのに、この何か月かは依頼する便りひとつ、目にしていないので、今ではコロナの問題なのか私の音楽の問題なのかわからなくなってしまいました。コロナの問題だとしても憂鬱で、自分の音楽の問題だとしても憂鬱で、昨日は日付の変わった夜中に服をガバッと脱いで体中に絵を描いてみました（これはまた、急にどんな展開なのかと思われるでしょうね）。

体に絵を刻みたいという欲求を長いこと実行しなかった一番の理由は、日本の温泉に行けなくなるからでした。すごく古い考え方ですが“入れ墨《タトゥー》＝ヤクザ”というイメージがいまだに強い日本では、体に小さなタトゥーがあっても温泉や銭湯に入れないといいます。タトゥーがあっても入れるところもまれにあるというものの、10年間さまざまな温泉と銭湯に立ち寄りながら、まだ発見できずにいます。これまで日本の活動で一番楽しかった（過去形の悲しみ）時間は、いろいろな地域の蕎麦を食べて温泉に行く時間だったので、初めての場所で公演が決まると会場や宿泊先に近い温泉を必ず訪ねていったんですよ。どの温泉も入り口に『入れ墨禁止！』と書かれていて、その言葉に反発も疑問もたくさんあったけれど、とりあえずさっさと入って露天風呂に体を沈めたかったのです。そうやって体に絵を刻みたい気持ちをぐっと押し殺して、つるりとした肌で露天風呂に直行してきたけど、飛行機も、温泉も、映画館も、観客のいるライブ会場も経験できないまま、すでに１年が過ぎてしまいました。先週は小さな化粧室*に入るサイズの浴槽があるかなと思ってインターネットのショッピングモールを見て回りました（井戸のような形で膝を抱えて中に入る半身浴槽がありましたよ）。昨日は急に体に絵を描きたくなったのです。

私は以前からときどき体に絵を描いています。ボールペンや筆ペンなどで。体に絵を描いたまま外に出かけるときもあって、体も顔も隙間なくいっぱいに絵を描いてからひとりで鏡をのぞいてはシャワーを浴びるときもあります。体に何か描くなら、すごくたくさん書きたいです。いつかタトゥーを始めたら、そのときから日本の温泉と個人的に仲がこじれてしまうか、タトゥーのある人も温泉に入ることができるように日本社会と闘争を始めるかもしれません。ひとつではなくたくさんの絵を刻みたいので、どこにどんなものから始めたとしても関係なさそうですが、それでもどこから描けばいいか考えて昨日は両肩にアヒルを１羽と幽霊を１匹描いてみました。アヒルと幽霊は私が一番好きな生命体です。肩に描いてから、肘から先に描いて、胸に、お腹に、首に描いて、額、鼻、頬と顎まで絵でいっぱいにしました。リビングに座ってヘッドフォンをいじっていた

---

*　トイレ・シャワー・洗面台のある部屋。韓国の家では浴槽がないことが多い。

パートナーに背中を任せてできるだけ大きくジュンイチを描いてほしいと頼んだところ、３つのボールと遊んでいるジュンイチを虎のように描いてくれました。ところが、背中に描いた絵は鏡に映してもすっきりと全体が見られないのでもどかしいのです。

　昨日はそうやって絵を描きながらまたスリークのことを思い出しました。夏にスリークに会ったときに袖の下からちらりと見えていた腕に絵がたくさんあったけど、どんな順序でどこに何を刻んだのか、質問して頑張って観察すればよかったと思って。普段の私は手の甲と腕をよくメモ帳に使います。何日かすれば自然と消えますが、１日の間に必ずしなくてはいけないことを思い出せるのですごく便利に使っています。私の腕と手の甲には主に「大家さんに電話！」「ジュンイチの猫砂」「積み立て満期」のようなメモが書かれていますが“スリークに手紙を書くこと”というメモもいつか書くことになるんじゃないかと思います。たまに「ランイ、がんばれ」「ランイ、いいぞ」と書くときもあります。こんなふうに体に何かを刻みたい私の欲望はどこから来るものかわかりません。スリークにはどんな話があるのか、気になります。筆写の時間を過ごして、思い出したらその話も聞かせてください。

2021年2月1日
イ・ランより

憂鬱さ、あるいはほとんど
すべての痛みと傷を
克服することよりも、
それが心に残していく
痕跡が少なくなるように
時間を過ごすことが
大切だと思います。

普段よく顔を合わせて
会話をする相手でもなかった
スリークに対して生まれた、
このさわやかな
執着が不思議です。

スリーク《슬릭》より —▷ イ・ラン《이랑》へ

양팔 가득 문신을 채우고
온천에 입장하는 방법♨

タトゥーだらけの両腕で
温泉に入る方法♨

いつの間にやら完全なる気候危機です。一昨日は−14℃でしたが、昨日は氷点下どころか12℃、そして今日はまた−2℃ですね。私たちの家の洗濯機は屋外のテラスにあるので洗濯機を回すタイミングをつかむのがまったく難しい時期を過ごしています。ところでランランセンセの家ではどんな気候危機を経験しているか気になります。実際のところ気候危機は世界的にとても深刻な事柄でもあります。コロナ、気候危機、PM 2.5など全世界的な環境問題が、個々人にどんな深刻な被害を及ぼしているのかとっても心配で、笑い話にするようなことではないとわかっていますけど、憂鬱で悲しいとき、ちっぽけな人間にできることはやはりとりあえず笑って、それから再び悲しむことだけだと思えて、こんなふうに手紙を書きはじめました。

私も、自分が筆写というものをやることになるなんて、まったく予測できませんでした。生まれてこのかた、ただの一度も筆写をしてみたことがなかったし、子どものころに筆写という趣味があるということを知ったときに頭の中でシミュレーションしてみましたが、手を動かすのろさにせっかちな意識が絶対耐えられないだろうという結論に達したために、最初から試すことすら思いつかなかったんですよ。今は筆写の伝道師になって筆写の魅力をあちらこちらで説いています。

筆写をしていて真っ先に感じたのは、長い時間をかけて誰かの深い考えの込められた文章を見るよろこびでした。ツイッターで見る140字以内の短くて笑える文もいいし、インスタグラムの中の愛する友人たちの素敵な自撮りもいいけど、そういったことは長期記憶を担当する脳の中には絶対に入っていかないような気がして、何かに長く没入しない限り、なんだか脳の一部の機能が退化してしまう気がしたんです。それに子どものころに頭の中で想像していたのとは違って、手ののろさはむしろ意識の自由を与えてくれました。音節を、単語を、文章を、ゆっくりと写し取っていく間“書いた人はどうしてこんな単語を選んだのだろうか”“どうしてこんなふうに考えることになったのだろう”“この次にはどんな内容が続くだろうか”といった考えがぎっしりと頭に浮かびます。筆写を続けていくうちにそんな問いの正解に気がつくけど、違う答えを出しても構わない、いや構わないどころではなくてその違いが面白くて。まるで命を懸けた決闘や時間制限や勝ち負けのないゲームのように感じました。ゲームの世界はとても深くて広いので「ゼルダの伝説」や「ポケットモンスター」のように雄大なストーリーとダイナミックなアクションのある名作ゲームだけが存在するわけではなく、平和を愛する人たちの好みにぴったり合うちょっとしたアプリのパズルゲームもありますよね。ちょうどそんなゲームを見つけたみたいです。

そうやって最初の筆写を終えた私は方眼ノートが大好きに

なって、一番最初のページに書く言葉を探しては（rhyme《ライム》 note《ノート》*を長く使ってきたからか、好きなノートの最初のページに名言なんかを書くのが好きです）会員が私だけの筆写愛好会の名前をノートに書きました。筆写愛好会の名前は“ピルサチョク”です（筆者《ピルサ》と必死《ピルサ》のダブルミーニングです）。創立メンバーは私だけでしたが、今では会員が３倍に増えてなんと３人もいます。とにかく私はこうして筆写を始めることになり、ひと月ちょっと経ちましたが、今でもたゆまず続けています。いつやめるか自分でもわかりません。何か目標を達成しようと思って作った趣味ではまったくないし、長くやっていると手がちょっと痛くなるんですよ。

ペンで体に絵を描くという話を読んで、とっても不思議に思って私も試してみました。ちょうど数日前に慌てて階段を上っているときにあばら骨のどこかをドンっとぶつけてしまったので、その場所にペンでＸを付けておきました。ひどく酔った状態だったので、翌朝目が覚めたらぶつけたということを忘れてしまうかもと思って。ところがひどく酔っ払ったいつもの私と同じように、それはおろかな考えでした。酔いがさめたらもっと痛くなりました。病院に行ってレントゲンを撮ってみたらレントゲンではよく見えない程度にうっすらと、骨にひびが入っていて、全治４週間と診断されました。とりあえず日

---

* ラッパーたちがライム（韻）を記録するノート。

常生活に大きな支障がなくて（フットサルができないという悲劇を除けば）さぼらずに物理療法を受けているので心配しないでください。

話を戻すと、体にペンで絵を描いたのは今回が初めてですが、私にはとてもたくさんのタトゥーがあります。はじめにタトゥーを入れたくなった理由は“かっこよく見えたくて”でした。ご存じの通り、私はヒップホップの世界に足を踏みいれてしまった人間なので（こんなふうに話すとなんだか悪事に手を染めた人間みたいですね）かっこいいタトゥーをびっしり刻みこんだ人たちにたくさん会ってきて、それは本当にかっこよくて私もいつかは必ずタトゥーをしようと心に決めていました。自分の外見に似合うタトゥーの図案は何か、誰にタトゥーを入れてもらえば後悔しないだろうか、何年か悩んで（そんな中で両親も説得して）施術してもらうお金も貯めて、ようやく私が最初に選択した図案は“HobermanSphere《ホバーマンスフィア》”でした。ふつうホバーマンスフィアという言葉ではよくわかってもらえませんが、月尾島《ウォルミド》などの観光地で売っているプラスティックの折り畳みマジックボールと言えばみんなわかってくれます。今の私がタトゥーの図案を選択する基準はただかわいいとか、すでにあるタトゥーとバランスの取れる図案を選ぶだけで深い意味は込めていません。

最初のタトゥー“ホバーマンスフィア”は私の記憶では

2016年ごろに入れました。よりによって大学の期末試験とアルバイトが重なっている時期に、小さな公演にまで呼ばれて、ストレスが半端なかった時期です（幸い期末テストが終わった日に公演をしたので打ち上げみたいで、すがすがしくうまくいきました）。その日の公演に私を呼んでくれた友人は、私の歌が本当に大好きだったんですよ。実は、そのためにこの公演を企画したのだと言って、公演のポスターには私の顔がドア一面のサイズで描いてありました。今思うと恥ずかしいかぎりです。公演の日、急いで期末テストを終えて広々としたキャンパスを抜け出して新村《シンチョン》の小さな公演会場に向かいながら、ふと、こんなことを考えました。誰かにとって私は本当に小さい存在で、またほかの誰かにとっては大きな存在かもしれない。それでこのボールを思い出しました。折り畳みボールは大きくなったり小さくなったりするじゃないですか。自分に似た存在だと思って、最初のタトゥーの図案にそのボールを選んだのを覚えています。実際に入れてもらったら色もきれいだったし。この奥深い考えで入れたタトゥーはその後バラバラなタトゥーたちを入れるのに大きな影響を及ぼしました。言ってみれば、私のタトゥーの先祖のような図案ですね。この場を借りて、私の体にきれいなタトゥーを入れてくれたタトゥーイストのセユンさんに感謝の気持ちを伝えます。今は韓国にいらっしゃらないのがとても残念ですが、いつか滞在先まで追いかけていって新たにタトゥーを入れてもらいたいほど一番大好きなタトゥーイストの先生です。

セユンさんが私の体にタトゥーを入れてくれると、気分がよくなります。こちらの気持ちをのぞきこんでいるみたいに、私が願っているものを絵で表現してくれて、タトゥーの施術の間には痛くないか、大丈夫か、休み休みやってもいいからゆっくりやろうと細やかに声をかけてくれるんです。セユンさんが描いたタトゥーたちは形も色も完璧ですが、施術を受けているときの記憶も同じくらい美しいです。でも腕の内側、つまりわきの下に近い柔らかい皮膚にタトゥーを入れるときだけはすごく痛かったです。白黒のタトゥーでカラー針を使うわけでもないのに（色を塗るカラー針は線を描く針より5倍ほど痛いです）目に涙がたまりました。泣きながら施術を受けたタトゥーはそれが最初で最後です。ランランセンセもタトゥーをしてもらうとき、必ず参考にしてください。施術を受ける部位は（もちろん個人差がありますが）皮膚が骨と近いほど、それにくすぐったく感じる場所ほど痛いです。

自分の体のタトゥーが20個を超える今になるまで、タトゥーのせいで温泉に行けないなんて考えたこともありませんでした。というのも私のタトゥーはすべてめちゃくちゃかわいいので、韓国の銭湯で大きな問題にはならないんですよ。でもタトゥーのかわいらしさはさておき、タトゥーのために日本の温泉でピンチになった経験は私にもあります。沖縄旅行中に温泉に行きました。入口にすでに龍の刺青のある背中の上に赤い丸と対角線が描かれた「タトゥーはお断り」の看板が出ていましたね。でも、幸いなことに私のタトゥーは腕だけで、その日は長袖を着ていたのでなんとかなるんじゃないかと思って、まったくすました顔で入場しました。そして驚くべきことに服を脱いで浴槽につかるところまで成功しました。やっぱり私のタトゥーがかわいらしいことが大きかったのでしょうか？　ともかく誰も私を見つめることなく、誰も私を制止しなかったのでうきうきとお風呂を楽しみました。

ところが、その温泉では指定された時刻ごとに職員がすべての浴槽を回って温度と水質のチェックをしていました。危機的な状況が訪れました。その人に私の体にあるタトゥーがばれたら、私は裸で恥をかいて二度と日本の温泉を利用できなくなるかもしれないじゃないですか。そこで私が選択した臨時対策は、できるだけ両腕で自分の体を抱きしめて、タトゥーのない人みたいに一番深い浴槽の中に隠れることでした。完璧な解決策ではありませんでしたが、ともかく職員は私を見ないままルーティーンを終えて、私は無事にお風呂を終えることができました。それから、宿泊先のAirbnb《エアビーアンドビー》の主人にこのエピソードを話すと「あなた、もしかして背中に龍が入っているの？」と聞かれたんですよ。私はかわいいタトゥーたちを見せてあげながら「これで全部ですけど……」と答えました。すると主人はハハハと笑いながら、そんな愛嬌程度のサイズなら見逃してくれると言ってました。沖縄限定かもしれないことを言っておきますね。

あ、そうだ、ランセンセはタトゥーにもヴィーガンとノンヴィーガンがあるって、ご存じですか？　使用するインクからケアの過程で使うクリーム製品まで、体に絵を入れる過程でも動物に対する搾取と差別が存在するということ、私も知りませんでした。ヴィーガンになる前には知らなくてヴィーガンになってから知った経験が、トラック１杯分はあります。それで私もヴィーガンタトゥーイストに会ってさらに多くを勉強しています。ランセンセが最初のタトゥーを入れることになったら、絶対ヴィーガンタトゥーイストの方に担当してほしいという願いが生まれました。それと私の個人的な事例から得た知見ですが、レタリングタトゥーはあまりオススメしません。まずフォントを選ぶ過程がとても大変です。タトゥーの世界で選びがちなフォントたちは何というか、ギャングスターって感じなのです。でも、それもランセンセの自由ですから私がレタリングタトゥーをしようか悩んでいたとき、そしてあきらめたときの気持ちをお伝えしたくて話しました。あ、ランセンセは絵も文字も好みのとおりに、自分で書いた図案で彫ってもらってもよさそうですね！

ジュンイチはちょっとしんどい時間を過ごしているみたいですね。私のすべての健康増進の超能力をジュンイチに送ります。ジュンイチ、君ならできる！　君はジュンイチだから。ファイティン！

2021年2月27日
スリークより

イ・ラン《이랑》より —▷ スリーク《슬릭》へ

건강하지 않은 준이치와 제가 함께

살아가는 모습을 지켜봐주세요

健康ではないジュンイチと私が
ともに生きていく姿を
見守ってください

私は最近ジュンイチの療養保護司の職に着きました。ジュンイチはこの前、猫歯科医院で口内炎と診断されて、抜歯手術のための事前検査で胸に水がいっぱいにたまっているのが発見されました。歯科の先生に「緊急事態だから今すぐもっと大きい病院へ急いでください」と言われたときから、私は泣きはじめました。泣きながらタクシーを捕まえて救急病院に行ってジュンイチを入院させて、1日集中治療室でいくつかの処置をして安定させてから病院を転々として検査をしました。そしてジュンイチは特別な理由なくリンパ液が漏れだして胸に白濁した水がたまる“突発性乳び胸”だと診断されました。動物の中でも胸水が早くたまる子たちは2、3日に1回病院へ行って注射器で水を抜くのだそうです。それよりはゆっくりですが、ジュンイチの胸水も絶えず増え続けているので、すぐにまた胸に注射針を刺しこまないとなりません。胸水がどのくらいたまっているのかレントゲンでないと確認できないので、ジュンイチをしょっちゅう病院へ連れていかなくてはいけません。歳をとったジュンイチは、家と病院の往復だけでも体調がすごく悪くなります。私の目がレントゲンだったらいいのに、と思いました。

心と体をどれだけ尽くして説明しても、病院へ行って体に注射を刺し、無理やり倒して横にさせてレントゲンやCTを撮る、このすべての過程がジュンイチを面食らわせて、ずいぶん怒っている様子です。病院から帰ってきたジュンイチは壁のほうを向いて寝返りを打って顔を見せてくれません。こんなに怒っているジュンイチに、毎日薬も飲ませないといけません。口内炎で飲んでいた薬と胸水のために飲む薬まで合わせて毎日カプセルを６錠以上飲ませます。YouTubeでさまざまな“猫に薬を飲ませる方法”の映像を見て真似してみましたが、どれも全部失敗して……これから私はこの難関をどうやって切り抜けたらよいか心配ばかりです。はーあ。

胸水がたまっているのを初めて発見して、ジュンイチを集中治療室に入院させて、検査を通じて突発性乳び胸の診断を受けてから今、10日とちょっと過ぎたところですが、私たちの家の風景はあまりにも変わってしまいました。ジュンイチは今、酸素部屋*で昼寝をしています。リビングで書き物をしている私の横で、酸素発生機が１日中“ブウーン、ブウーン、シューッ、シューッ”と音を立てています。うちにあったおやつとキャットフードは近所の猫たちにすべて分けてあげて、その場所には低脂肪猫缶と処方されたキャットフード、そして毎日飲ませないといけない薬がずらりと並んでいます。私と私の同居人は１日に何度もジュンイチの呼吸数をチェックして、時間に合わせてジュンイチにエサと薬を与えて、尿と便の量を確認して体重を量ります（胸水がたくさんたまると体重が増えるのです）。

こんなに長い時間、家にいるのは初めてだと思います。ふつうは目が覚めたらすぐ作業部屋に行き、１日中作業部屋で仕事

＊　必要な酸素を供給するために酸素発生機をホースでつなげた小さなアクリルの部屋。

をして、夜遅く家に帰ると疲れて横になるという日課を繰り返してきました。休む用途だけに家を使うようになってからずいぶん経つので、本棚も机も、私が好きなあらゆるスケジュール表と書類もない家で仕事をしようと思うととても大変です。皮肉なことに、一番最近書き上げた原稿が“フリーランサーの業務効率を上げてくれる整理術”に関する文章だったのに。私がどれほどうまく作業部屋を整理しているか、各種書類をどれほど体系的に区分して管理しているかを、デスクもない家でしゃがんで書きましたとさ。今も作業部屋に置いてきた最新型のノートブックではない、家にあった９年物の旧式のノートブックでスリークに手紙を書いています。こいつはしょっちゅうトラブルを起こすので腹が立ちます。

　変化はいつだって突然訪れるものですね。ひとつの変化に適応する時間もなく、また別の変化がすぐにやってきて。一体どうしてこうなるのでしょうか。去年はコロナで、友人の死で、ずっと戸惑ったまま過ごしていたと思うのに、今年はジュンイチの療養保護司として３月を迎えました。だけど、どの変化も私が適応するまで待ってくれないので、早めに態勢をととのえるほかありません。今日もどれほど多くの人たちがあれこれの変化に戸惑っているでしょう。もしかしたら“変わらない人”というのはユニコーンのような存在かもしれません（音楽家キム・モギンの「変わらない人」という曲を思い出します）。最近はずいぶんたくさん泣いたけれど、今では少し安定しました（と書いてさっき少し泣きました）。はじめのうちは「ジュンイチが死んだらサロガマートに練炭を買いに行くよ」と言って周りの人たちを心配させていましたが。今はジュンイチが苦しむ時間を少しでも減らしてあげることを最優先に考えて、その基準に合わせていろいろなことを準備して決定するつもりです。このすべての決定をジュンイチではない私がすることについて、責任感、自責の念、負担感など多くの感情が湧きます。“保護者”という名前がとても重く感じられます。

　去年からジュンイチを話者にした『僕はジュンイチ、君はイ・ラン』というタイトルのエッセイを隔月で連載しています。ジュンイチになったように想像しながら文を書くのは面白くもあり、とても悲しいのです。“僕のことは外に出られないようにしておいて、イ・ランは家を空けて毎日どこに行くんだろう”なんて話を書いています。別の立場から同じ出来事がどのように違って見えるのか想像して書いてみると、むしろ自分自身の姿をずいぶん顧みることになるのですね。映画科に通っていたころ、一番理解しがたかった友人を主人公にしてその立場からストーリーを書いたことがあります。すると、一緒に経験した出来事も新しく見えて、自分がその人に悪いことをしてしまったのを思い出したのと似た感覚です。物語を作る人間として、時折こんな作業をすることが、自分を客観的に見ることのできる方法のひとつだと思います。

“私はみんなからどう見られているんだろう？”

この質問から自由になれる人がいるでしょうか。私生活のすべては暴かれたくないけれど、断片的な姿だけで評価されるのも嫌で、目立ちすぎるのも嫌で、忘れられたくはないし……私が自分を一番よくわかっていると思うけれど、それは完全に錯覚かもしれなくて。本当に難しいですね。今年の最初にあれこれ悩んでいるときに、何度か人に会ってみました。写真家の友人には、どんなイメージでもいいから私をモデルにして作品制作をするのはどうかと勧めてみました。映像作品を作る友人にも同じような依頼をしました。これからどんなやり方で活動したらいいか意見をもらおうと思って、エージェンシーを紹介してもらって会ってみたりもしました。こんなふうにほかの人の視線で自分を見る経験は面白いです。私が持っている材料といったら私自身にすぎませんが、どこかの立派なシェフはこの材料ですっごくおいしい料理を作るかもしれないじゃないですか。実際に私がこの材料を好きなのかは答えがたいですね。そんなの関係ないとも思うし。最近では、私よりもジュンイチの世話をするのがもっと重要になったからでしょうか？

昨日ちょっとだけ作業部屋に行ってきてから自転車を停めて

いてふと、ジュンイチが病気になってから自分のことでつらくなる時間が減ったことに気がつきました。私は自分の人生がつらくてよく泣いている人間なんですよ。どうしてこんなにつらい人生を生きなくてはいけないのか、今すぐにでも死んではいけない理由は何かと思いながら（だいたいは“ジュンイチの保護者として先に死ぬわけにはいかない”と結論付けて寝ます）。ところで、ジュンイチの療養保護司の仕事がきつくなってから“なぜ生きなくてはいけないのか”と悩む時間がすっと消えました。いい効果だというべきかもしれませんが。ともかく昨日は“私は自分のために泣かなくなったな。不思議だ……”と考えながら自転車を停めました。

ジュンイチの闘病をSNSで知らせたところ「ジュンイチ、病気は嫌だね。早く健康になって！！」というコメントがたくさん付きました。そのコメントはありがたいのと同時に“ジュンイチはすでに健康ではない生活が始まったのに……”と思いました。「病気は嫌だね。早く健康になって！！」と言ってくれる人たちは、健康ではないジュンイチのことももちろん好きでいてくれるでしょうけど、もうジュンイチは健康ではないし、時間を巻き戻すこともできないし、これからさらに健康ではない姿を見ることになるんだよ、と言いたかったです。そう考えてみて、がんと闘っていた私の友人が、淑明女子大に合格したトランスジェンダー女性の入学に反対するニュース記事を見て、いつになくやつれた表情の自撮り写真をアップした日を思い出しました。その写真の下にはこれまで自分のSNSに“美しく闘病する”写真ばかりを意識してアップしていたのではないか、多くの人たちのように、それも正常な身体イメージに執着していたのではないかと考えるようになった、という文章が添えられていました。一体“正常”って何でしょうか？（ちなみに私は“非正常会談*”という番組のタイトルがすっごく嫌いです）

　これからジュンイチはもっと頻繁に病院へ行くことになるでしょう。厚みのある体つきにはまだ大きな変化はありませんが、もうすぐやせてしまうでしょう。食事や排せつも自分でするのが大変になるだろうし。私はもっと長く家にとどまることになるだろうし、そのうち作業部屋にある机と本棚を家に持ってくることになるかもしれません。そして今月は運転免許を取らなくてはなりません。ジュンイチの様子を見て病院へ走っていかないといけない日が増えるだろうから、機動性を高めるために運転を始めようと思って。ジュンイチと同じ歳で、すい臓がんで亡くなった近所の猫、パルゲの飼い主が私に車をプレゼントしてくれました。パルゲが乗っていた17年物のマティスはジュンイチの救急車として2021年を私たちと一緒に走り抜ける予定です。私は36年生きてきたけれど初めてすることがま

---

*　韓国語では正常と頂上は同じ“チョンサン”と発音することから「サミット＝頂上（チョンサン）会談」にかけて、「非正常（ピチョンサン）会談」と名付けられたバラエティー番組。韓国在住の外国人と韓国人のMCでテーマを決めて話す。

だたくさんありますね。だから毎日暇ではないのです。健康ではないジュンイチと私がともに生きていく姿を見守ってください、スリーク。

2021年3月11日
イ・ランより

ふと、ジュンイチが病気になってから
自分のことでつらくなる時間が
減ったことに気がつきました。
私は自分の人生がつらくて
よく泣いている人間なんですよ。
昨日は“私は自分のために
泣かなくなったな。不思議だ……”
と考えながら自転車を
停めました。

スリーク《슬릭》より —▷ イ・ラン《이랑》へ

저는 오늘도 공부하러 갑니다

私は今日も勉強しに行きます

変化はいつだって突然訪れるという言葉が長く心に残っています。私もあれこれと起こる突然の変化と、それによって自分の気持ちが変化するスピードに、とっても戸惑っています。突然ジュンイチの療養保護司になって、心の準備をしているイ・ランさんを思い浮かべて私もまた“保護者”という言葉の重さをもう一度あらためて感じています。ジュンイチの幸せを最優先に考えていろいろな準備と決定をしていると聞いて、ジュンイチとイ・ランさんに向けている心配と共感と悲しみが４分の１に減ったと言ったらあまりに失礼でしょうか。

実際のところ私は“私はみんなからどう見られているんだろう？”という問いから自由でいたいのです。とりあえず“イ・ランセンセからどんなふうに見られているか”という問いから自由でいたくて、心配と共感と悲しみの含有量を４分の１程度に減らした気持ちでこの手紙を書いているんですけど、やっぱりあまりに失礼ではないかと思ってほかの方法を探してみます。私も自分のことは自分が一番わかっていると思っていましたが完全な錯覚かもしれませんね。やはり、キャラクター解析はほかの人にしてもらうのが正解のようです。最近の私の趣味は友人たちの四柱*を見てあげることです。イ・ランセンセの運勢もいつか一度見てあげたいです。まず、イ・ランさんが私を友達だと思ってくださるなら、そして生年月日時を明示するつもりがあって（個人情報のため運勢を見た後ですぐに廃棄す

* 生まれた年、月、日、時をもとにした占い。日本では四柱推命と呼ばれる。

ることを原則としています）四柱命理学に対して否定的な意見をお持ちでなければ、許可をお待ちしています。

私も、ジュンイチの健康を願う応援はありがたいと同時に、ジュンイチはもう健康ではなくて、これからもジュンイチは過去に戻ることはないから、やはり“正常性とは何か”について考えてしまいます。私たちは“ご健康に！”という言葉を習慣的に交わすけど“健康”とは一体何でしょう。完全に健康な人がいるでしょうか？　そしてその人は人間の中で最高でしょうか？　私はそうは思いません。

実際にそれらのすべて、病気になった人間を正常性から排除することこそが疾病嫌悪なのだと学びました。誰でも健康だったり病気になったりする可能性があって、その状態で生きていく自由と権利がありますけど、病気の人に対してすぐに健康になれなんて言葉を投げかけたり、「障害があるなんて大変でしょうね」と口にすること自体が疾病や障害を持つ人に対する差別じゃないですか。私は椎間板ヘルニアとパニック障害と診断されているので、疾病と障害を併せ持っている人間ですけどね。私の大変さは私のもので、どんなに私を愛して大事にしてくれる人であっても、私以外ほかの人が私の大変さについて話すことは、うーん……感謝はしますけどちょっと微妙です。私は14年間共にしてきた椎間板ヘルニアから抜け出そうと徒手療法も受けてリハビリの運動もして、パニック障害をうまく切り抜けながら生きていくべく病院にも通っていますが、それは私の自由であり権利にすぎません。ほかの人にああしろこうしろと評価されるものではないですよね。

話のついでにヴィーガニズムの話にも広げてみたいと思います（ついに……！）。最近Netflixで『Seaspiracy《シースピラシー》: 偽りのサステイナブル漁業』というドキュメンタリーが公開され、全世界的にとても大きなイシューを呼び起こしています。またSNSでは#watchseaspiracyチャレンジが進行していて私は歌で参加しました（誰も私に注目してくれませんけど）。『シースピラシー』の内容をさっと一文でまとめてみると“海に存在するすべての動物を搾取することは、とても暴力的で残忍で強固なシステムの下で行われており、その過程で漁業に強制的に従事させられる人もまた奴隷制レベルの暴力にさらされている”です。だから私たちが魚を食べれば、その暴力的で残忍で強固なシステムに加担することになります。動物権だけでなく人権冒涜そのものです。

実際に私は動物権と人権をまったく同じ権利だと考えますけど（なぜなら人間も動物だからです）、動物権と人権を別の概念だと考えるとしても人権が侵害されない世の中を目指すなら海洋生物を搾取することはできません。『シースピラシー』

は『Cowspiracy《カウスピラシー》: サスティナビリティ（持続可能性）の秘密』と『健康って何？』[*]の制作者キップ・アンデルセンのドキュメンタリーシリーズの３番目の作品です。ですから、もし『シースピラシー』を観て衝撃を受けたなら、ほかの２編を観ることをオススメします。特に『健康って何？』は動物権について工場式の畜産業と製薬産業の結託に関する話を扱っているので、先に観ることをオススメします。とりあえずキップ・アンデルセン監督の才知がドキュメンタリーのそこここに発揮されていて、決して愉快な主題を扱っているわけではないのに楽しく観ることができます。

ノンヴィーガンだった私は、互いに結託している工場式畜産業と製薬産業に加担したくなくて、ヴィーガンになりました。そして動物権について勉強してから完全なヴィーガンになりました。だけど、私は１度だってノンヴィーガンに向かって「肉を食べないでください、魚を食べないでください」と言ったことはありません。私にはそんなことを言う権利はないからです。

返事を書いていて、ランセンセに聞きたいことができました。この手紙を受け取った時点でジュンイチの機嫌はどうか知りたいです。あいかわらず拗ねているのか、もう諦めて慣れてきたのか、ランセンセの心のこもったお世話を理解して少しは心を開いてくれたのか……そしてヴィーガン３年目のスリーク

---

* この 3 作品は、2023 年現在日本では Netflix で視聴できる。

のヴィーガニズムについて、くわしく知りたい点があるかどうか知りたいです。誰かが知りたいかどうかを知りたがるなんて、私もそろそろ休んだほうがよさそうです（とりあえず横にならないと）。ジュンイチの幸せのために、すべての動物の生存権のために、天地神明、この世に存在すると知られているすべての神に何度でも願います。そして、私は今日も勉強しに行きます。動物権、四柱命理学、フェミニズム、アンチフェミニズム、ジェンダー学、フットサル、ギターの弾き方……ジュンイチとランセンセの暮らしを見守りながら、暇を見つけて勉強しに行きます。

先日トランスジェンダー女性のピョン・ヒス下士官がこの世を去りました。軍服務中に性転換手術を受けて強制的に除隊させられた方です。ピョン・ヒス下士官の冥福を祈ります。四柱命理学では、死は別の人生のための準備だと解釈しますが、ピョン・ヒス下士官が今回の命を終わりにして新たな人生を生きる時空間には、そんな性差別などないことを願います。性差別だらけのこの世の中で長く耐えて、大変だっただろうピョン・ヒス下士官の苦痛に深く共感します。正しい人間を失った世界に取り残されたことがとても悲しいです。

私は最近トランスジェンダーの存在を否定する方たちと深い対話を交わしています。どうかあの人たちがトランスジェンダーの存在を認識して、知らない間にすっかり染みついている差別と嫌悪について気づいてくれるように、と願う気持ちです。私も自分でできる最善を尽くしてみるつもりです。ピョン・ヒス下士官のために。

2021年4月20日
スリークより

私たちは“ご健康に！”
という言葉を習慣のように
交わすけど“健康”とは
一体何でしょう。
完全に健康な人がいるでしょうか？
そしてその人は人間の中で
最高でしょうか？　私は
そうは思いません。

イ・ラン《이랑》より → スリーク《슬릭》へ

이 문장 다음 문장을 쓸 수 있을까

この文章、次の文章を
書けるだろうか

スリーク、ちょっと前に四柱の読み解きを電話してもらうはずだった日、私はひとしきり泣いていたんです。傷つくことがあって。私が前回の手紙にジュンイチのためにたくさん泣いたけど、自分のために泣くことは減ったと書いたけど、こんなにすぐに泣くことになるとは思いませんでした。手紙の１行目から泣いたなんて書いてしまって、どうして泣いたのか理由を書かなくてはというプレッシャーを感じています。自分で作ったプレッシャーだから誰のせいにもできないし。

前回の手紙で“みんなからどう見られているか”という問いから自由になれる人がいるかって話が出たでしょう。スリークの返事ではその話が四柱の読み解きへと流れていったのが面白かったです。運勢を見てくれるというから、私の生年月日をすぐさま送ったでしょう？　だけど読み解きを聞く日に私は泣いていて、スリークはパニック症で大変な状況でしたね。そのときスリークは外にいたと言っていたけど、どんな状況と時間の中にいたのかとても心配です。幸いにも私は安全な作業部屋の机につっぷして泣いていたんです。お互いにどこかで、しんどい思いをしながらもひとりは運勢を読み解いてあげようとして、もうひとりはその話を聞きながらも不安をなだめようとしていたということが、とても胸が痛いです。“胸が痛い”という表現ではなくて別の言葉で書きたいけど、まだ見つかりません。最近は話すのも文章を書くのもとりわけ難しくなって、これもどうしてなのかスリークの読み解きを通してわかったらうれしいです。

あらためて最初の話に戻ると、そのとき私が泣いていた理由は“みんなからどう見られているか”という問いから抜け出せなかったからなんです。匿名の誰かによって、私に関する間違った情報が流されて、その情報をもとにしてインターネットで攻撃されることが起きて、誰でもコンタクトが取れるようにオープンになっている私のSNSのダイレクトメッセージやコメントに、目に余る文章があふれる日があります。実は、この話を続けてもいいかよくわかりません。私を攻撃する相手は大部分が匿名だけど、私は匿名の誰かが送ってきたある文章をここで取り上げてもいいかよくわからないから。

やっぱり、文章を書くのは難しいです。手紙を書くのは去年から一番好きなことだけど、最近は手紙の文章を書くこともとても大変です。何かにとりつかれたみたいに1日に数十回スマホのアプリをつけては消し、数年間不眠症で夜を明かすことになったゲームを開けようかやめようか悩んで、読まないってわかっていながらも本を買い続けて、日記をもう一度書いてみようと日記帳を購入したけど書けないでいます。私の不安を、怒りを、被害事実を話すことが何の役に立つのかと思って、耳も口もふさいで生きています。決められた時間に機械のように文字を組み合わせて文章を作り、段落を作ることができたらどんなにいいでしょう。“この文章、次の文章を書けるだろうか。何て書いたらいいだろうか。いっそスリークに電話したほうがましじゃないか”と思いながら、空いているマス目を埋めては手を止め、昨日ある出版社から受け取ったメールをもう一度開いてみました。『82年生まれ、キム・ジヨン』を書いたチョ・ナムジュさんからのメールで、新作に私の歌「この世のすべての人たちが私を憎みはじめた」の歌詞を引用しても構わないか、と許可を求めるものでした。「誤記《オギ》」というタイトルの短編小説です。編集の方によると、この小説は“フェミニスト小説家として大衆の関心を一心に集めている小説家が、その後の仕事を続けていく上で経験するさまざまな困難を繊細に表す作品です。間違って記入されていく自分の文学に対して作家の意地《オギ》を表した作品でもあり、作品を取り巻いている人たちが抱くそれぞれの意地を描いた作品でもある”のだそうです。

“意地《オギ》”という単語を本当に久しぶりに聞きましたが、その単語を聞くだけでも自分の体ががちがちに固くなるように感じます。小説の大部分が共感ばかりでどうしたらいいかわからずに最後まで読みました。小説に引用された私の歌詞のように“人々の口に間違った名前で出入りして”、夜遅くまで座って見つめ合い、切ない慰めの言葉を交わしていた相手が本当に安全な相手なのかそうじゃないのか、家に戻ってから思いを巡らす主人公の日常に共感を超えて胸がひりひりと痛むほどでした。もしかしたら私も意地《オギ》を原動力として今を生きているのではないかと思いました。だからこんなふうに、毎日体がつらいのでしょうか（タバコの吸いすぎで体調が悪いのかもしれませんけど）。

　スリークが前の手紙で教えてくれたドキュメンタリー『Seaspiracy《シースピラシー》: 偽りのサステナブル漁業』を見つけて4分の3くらいまで観ました。私のファーストアルバム『ヨンヨンスン』に収録された「ピイピイ」という曲は『シースピラシー』の中でインタビューを受けているリック・オバリーが出演している『ザ・コーヴ』を観て作った曲です。有名なイルカ調教師だったリック・オバリーが、自分の目の前でイルカが自殺するのを見てイルカ保護運動家に生まれ変わったいきさつを『ザ・コーヴ』を観て知りました。日本の太地町で捕獲されたイルカたちが虐殺される前に「ピイッピイッ」と泣いて不安に震えている場面が『ザ・コーヴ』の後半に出てくるんです。現場の近くで撮影することができなかったため画面はなくて、ピイピイと声だけ聞こえる長いシーンが脳裏に刺さって消えず、その夜すぐに歌を作りはじめた記憶があります。もう10年前のことなのに、いまだに日本の太地町でイルカ殺しが続いているということを『シースピラシー』を通して知って、挫折を感じました。

それに『ザ・コーヴ』を観てから10年経っている私が相変わらずノンヴィーガンであることに、また挫折を感じました。

『シースピラシー』を４分の３くらいまで観てやめたのは、それ以上観る力がなかったからです。去年遺言状を書きながら（私は毎年遺言状を更新します）その途中でいわゆる“現実を自覚する時間《ヒヨンタ》”が来た理由と少し似ている気がします。

遺言状を書きはじめたのはジュンイチのためだったんです。私はジュンイチが生きている間は決して自殺しないと固く決めていますが、もしも突然の事故や病気で死ぬことになった場合に備えて遺言状を書いてあります。いくつかの疾患を抱えている16歳のジュンイチを私の代わりに世話してくれる人に、私が持っている資産のほとんどを渡すことが遺言の主な内容です。新しいジュンイチの保護者は私の資産をジュンイチの世話に使い、ジュンイチが死亡した後に残った資産はどこどこに寄付してほしいという内容が入っています。大した資産ではないけど、私が住んでいる家の保証金や預貯金、株を全部まとめて（ジュンイチが死んだ後で）環境団体や動物保護団体、女性・児童・障がい者・性的マイノリティなどの団体に寄付することを想像してみると、とても楽しくなりました。楽しいのと同時に私の死によってすぐに誰かを助けることができると思うと“私が今すぐ死なない理由は何か”とも考えましたね。遺言状を書き進めていくうちにその考えが強くなり、しんどくなりました（でもジュンイチのことを思って最後まで書きました）。ノンヴィーガンの私が『シースピラシー』を見ているときも同じような思いに流れ着きました。工場のような畜産と、海を狩りつくす漁業について知ることになりましたが、今夜食事するときには一旦知らぬふりをして、知らぬふりをするという罪悪感に“ごめんなさい生きてて、とんでもない被害を与えるばかりで”[*]とか何とかいう歌を作って歌って……自分で作った歌だけど歌なんかで何をどうしようというのか、と思います。

恥ずかしいけど、私はそれでもヴィーガン志向だ、くらいは言えるのではないかと思ったこともあります（周りにヴィーガンの友人が多くてヴィーガン食をよく食べるようになってから、そう思うようになりました）。でもなんだか、この数年の間に“私は○○です”と言い切ったり、宣言することが相対的に嫌になったというのも事実です。実際、この問題でトランスジェンダーの友人と喧嘩になったこともあります。“私は○○です”に疲れきっていた私と、“トランスジェンダー”がきちんと認識されていなくて名付けられていない社会に疲れた友人との対話で起きたことでした。友人からしてみれば“きちんと名付けられもしないうちに名前を消されることは認められない”ことで、私の意見は“すべての名前がなくなっても誰でも気楽に生きられたらいい”でした。私と友人がケンカしたと言

---

*　イ・ランの歌「もしも私が神だったら」より。

いましたが、実は私たちはふたりとも同じような世の中を夢見ていたのではないかと思います。それにそのときケンカになったのは大変でしたが、ケンカできる友人がいて幸いだったとも思いました（その友人とは仲良く過ごしています）。

どうかしたら、自分で書いた手紙を再び読んでまた罪悪感に嘆く日が来るだろうと予想します。私は、きちんと名付けられるために通りに出て、力いっぱい叫んでみんなの前で歌う日もあるけど、ベッドから一歩も出られないまま、私がこの世に存在しないことが一番世のためになると思って泣く日もあります。私の歌詞が引用されたチョ・ナムジュさんの小説「誤記《オギ》*」をぜひ読んでみてください。私は最後の何行かで嗚咽しそうになりました。

あの時は自分の苦痛が大きすぎて、こんな悩みさえ贅沢だった同年代のことが考えられなかったことは事実だし、そのことが恥ずかしいと書く。だけど私は、自分の経験と事情という領域の外にも熾烈な人生があることを知っている、私の小説の読者も、いつだって私が描いた以上を読みこんでくれると書く。だから、もうこうして恥ずかしいと思うこともやめたい、恥ずかしさにうなだれ、身を隠し、次第に小さくちぢこまっていくこともやめに

*　チョ・ナムジュ著、小山内園子・すんみ訳「誤記」『私たちが記したもの』（筑摩書房、2023）

したい、やめにしたいと思うこんな心がまた恥ずかしいと書く。一体なぜ私がこんなにまで恥ずかしがらなければならないのかと書く。先生が憎らしいと書く。申し訳なくてありがたいと書く。先生に会いたいと書く。いつかまた会おうと書く。しかし会いたくないと書く。二度と会わないでいようと書く。それでも会いたくなるだろうと書く。結局会うことになるだろうと、書く。

あ、それからジュンイチは昨日、病院で歯を２本抜きました。胸に水がたまる突発性乳び胸も大問題だけど、それとは別に口腔状態も深刻で病院で体調を見ながら短時間で抜歯手術をしました。昨日、面会のときに入院室の壁に向かって横たわっているジュンイチの名前を呼ぶと、私を見る右目から涙がツツーと流れ落ちてあまりに……胸が痛いのと同時に愛らしく思いました。私は１日中ジュンイチの手術を心配して緊張したせいなのか、面会に行ってきてから寝込みました（ただただタバコの吸いすぎでそうなったのかもしれません）。さっき、急にジュンイチの胸に水がたくさんたまっていると、穿刺して胸水を抜いてやらないといけないと電話が来ました……後で夕方に迎えに行きます。ジュンイチが私に怒っても泣いてもいいから、毎日うちで一緒に寝たいです。スリークにも会いたいです。スリークとットトゥギとインセンイとルームメイトと、今夜はよく眠ってください。

2021年4月28日
イ・ランより

誰かにとって私は
本当に小さい存在で、
またほかの誰かにとっては
大きな存在かもしれない。
それでこのボールを思い出しました。
折り畳みボールは大きくなったり
小さくなったりするじゃないですか。
自分に似た存在だと思って、
最初のタトゥーの図案に
そのボールを選んだのを
覚えています。

きちんと名付けられるために通りに出て、
力いっぱい叫んで
みんなの前で歌う日もあるけど、
ベッドから一歩も出られないまま、
私がこの世に存在しないことが
一番世のためになると思って
泣く日もあります。

スリーク《슬릭》より —▷ イ・ラン《이랑》へ

드러내고 살기,
감추고 살기

オープンにして生きる、
隠して生きる

ジュンイチの健康状態が気になります。大変な時期を頑張って耐えてイ・ランさんの愛を体中で受け止めてほしい、と願うばかりです。抜歯したと聞きました。歳をとるほど麻酔も難しくなると聞いて、どれほど痛かっただろうか、どれほど怖かっただろうか、どれほどランセンセの匂いを嗅いで安心したかったかと思うと涙が出ます。

ランセンセとご友人のケンカの話がなぜだか頭から離れません。“きちんと名付けられもしないうちに名前を消されることは認められない”と“すべての名前がなくなっても誰でも気楽に生きられたらいい”の対立でしたね。どちらの文章も、どんな人の頭の中でどのような思考の過程を経て出てきた結論なのか理解できます。そして私はご友人の味方です。こんなに長いこと手紙のやり取りをしてきたのに、一面識もないご友人の肩を持つことになって、裏切り行為のように感じますが、これもやはり私の習慣的なジョークだとわかってくれますよね。

“誰でも気楽に生きられたらいい”というのは“願い”です。“きちんと名付けられもしないうちに名前を消されること”は認めがたい“差別の現実”です。願いと現実のうち、よりはっきりと、まずわかっておかなくてはいけないのは現実のほうです。現実をきちんと把握してからでなくては、具体的にはどのような世の中が性差別のない世の中で、そこに到達するためにどのような具体的な考えと行動をするべきか問うこと、つまり未来の物事を企てることはできないのだと思います。もちろん私の個人的な意見に過ぎません。終わったケンカに割って入る気持ちはありません。実のところ、どんなケンカにも割って入りたくはないし、世の中に存在するすべての争いごとから離れていたいのが、私という人間なんです。私はすぐに怖がって、小さな刺激にも大げさに驚いて、布団から抜け出せない低レベルの人間です。だけどすべての名前が消えていくのなら、その前にすべての名前が一度ずつ正確に名付けられるべきなので、その順番が正しいというランセンセのご友人の味方になりたいと思います。

自らをオープンにして生きるというのは、勇気が必要なことだとみんな言います。エネルギーも当然必要だし。勇気を出すまでにエネルギーがたくさん必要な人だったら、めちゃくちゃ大変なことでしょう。それでも自らを名乗る名前がなくて、人に会うたびに、どこかに行くたびに出会う相手に名乗ることのできない人も存在します。それもまためちゃくちゃに、実際は自発的に自らをオープンにして生きることよりもずっと大きなエネルギーを使います。だから、たぶん私たちは自らをオープンにして生きる人生を選択したのでしょう。私も、イ・ランセンセも、です（少なくとも、私はそうです）。もちろんオープンにして生きることもすごく大変なときがあります。オープンにしなきゃよかった、うまいこと隠して生きればよかった、なんて後悔するまではいかなくても、ある日突然ベッドから体を起こすエネルギーすら奪われる人生なのだと思います。誰かさんは適当に隠しながらうまいこと生きているみたいで、私だけ無駄にあれこれオープンにして生きているし、腰が痛いし。

私は最近、ここ3週間ほど一面識もない人とダイレクトメッセージでやり取りをしています。“ターフ Trans-Exclusionary Radical Feminism（トランス排除的ラディカルフェミニズム）”についてです。相手の人はターフの当事者で私はインターセクショナルフェミニストの中で一番活発なツイッタラーなので、私たちの対話は簡単に終わりませんが、早いとこ終わりにしたいという気持ちも特にありません。その人はほどほどに失礼で私はほどほどに受け入れますが、一線を越えたなと思ったらストップします。感情を傷つけないように対話しましょう、ケンカは止めましょう、と声をかけます。するとまた聞き分けもよいのです。ある程度互いの意見を尊重しながら対話します。この対話の結末がどうなるかよくわからないけど、ひとつ確実なことは、私がほどよく隠して生きていたら、自分と考えの違う人たちを理解できずに、ひとりでさびしいだけの人生になっただろうということです。私は知らなかったことを知るときのよろこびが本当に大好きです。トランスジェンダーの存在を排除することが正しいと考えているフェミニストを見ると、その人がどうしてそう考えるようになったのか気になります。だから直接対話して、知って、学びます。そして私も教えてあげたいです。フェミニズムは誰かを差別するものではなく、誰も差別されず、みんなが平等な人権を享受するために存在する思想かつ学問だということを。焦ってはいません。いつかはわかるだろうと思います。今も多くのトランスジェンダーたちが差別と抑圧に苦しんでいるのに、私がこのひとりの考えを理解するとか、この人が対話を終えてトランスジェンダーの存在を認めて尊重するようになるとしたって、それは私たちの意見が一致しただけで、社会的には大きな意味を持つことは難しいです。今も自分たちにしか見えないダイレクトメッセージで意見を交わすだけで、こんな対話が行き交っているという事実も私がランセンセに手紙で伝えなかったら、誰も知らないのですから。

でも時には私も隠したくなります。ただの“ノバディ”として生きたいです。誰の名前も重要でなかったら、みんながノバディとして生きられて、私もその中のひとりとして自由に生きて自然に死にたいです。あまりにレベルが低くてひどすぎる人権冒涜的な言葉を1日に100個ずつ発見する人生を生きたくはありません。意見が反転しているでしょう？　実際に本当に実践もしています。私は最近SNSを通じてブラジル国籍の友人ふたりとホンジュラス国籍のひとりと交流しています。みんなとりあえず英語で対話するのですが、英語が第1言語ではないのでみんな文法について気にしないし、それでもちゃんと意思疎通ができます。初めてその人たちに声をかけたとき、私は完全に“サムバディ”でした。“「グッドガール[*]」に出演している芸能人が私に返事をくれるなんて！”といった反応でした。それから彼らにとって私はずっと「グッドガール」に出ていた小さくてかわいいラッパーに過ぎません。ブラジルでは本当にそれだけだそうです。私が言ったのはとても簡単な言葉でした。自分は芸能人ではない、たまたまテレビに出ただけで、あなたたちとまったく同じ“人間”だ。そうやって私たちは3日目にベストフレンドになりました。偏見のない人たちにとっては私はただの“スリーク”です（ひとりは愛称をつけてくれました。私は“little ruby”って呼ばれているんですけど……）。“ノバディ”で“マイフレンド”です。コロナが消えて、借金をしてブラジル行きの飛行機の中にいる私を想像してみてください。“地獄から来たインターセクショナルフェミニスト狂人[**]”から“Nobody Nobody But Me[***]”になる瞬間です。

　話のついでに友人たちを紹介いたします。ラリサ、フェンディ、そしてルースです。ラリサとフェンディはブラジルに住んでいて、ルースはホンジュラスに住んでいます。ブラジルは韓国と12時間の時差があるので、私たちの挨拶はグッドモーニング／グッドイブニングから始まります。午後10時ごろから午前2時の間くらいが私たちに許された対話の時間です。そ

---

*　Mnetで放映された女性ミュージシャンたちのヒップ・ホップリアリティバラエティ。
**　「グッドガール」出演時のスリークのキャッチコピー。
***　韓国の女性アイドルグループ、ワンダーガールズの「Nobody」の歌詞“Nobody Nobody But You”のパロディ。

の短い時間に交わす対話が、私を不安からどれだけ自由にしてくれるかわかりません。

私は最近不安症がひどくて、しばしばパニックになるとお話ししましたよね。私が不安を感じる状況は大きくふたつあります。ひとつはうるさい大きな音を予想外に聞いてしまう状況、もうひとつは何事にも集中できない状況です。韓国で“サムバディ”として暮らしていれば、何かに夢中になれない瞬間がすごく多いじゃないですか。でもラリサ、フェンディ、それにルースとは“ノバディ”として対話をするので、どんなことからも自由な状態で話すことができます。初めはテレビに出てくる芸能人として私に接していたけど、今は私のことを3人の中の誰もそんなふうには扱いません。地球の反対側に住む、好奇心が旺盛で歌を作るのが好きな友人スリークとして交わす対話は、少しの間だけでも不安から私自身を保護してくれます。フェンディは本当にこう言ってくれたことがあります。自分がスリークの“safe《セーフ》 port《ポート》”だって。私はその新しい友人が私の精神的サンクチュアリ、安息所だと思っていつも感謝しています。ラリサとフェンディは私のためになんとカカオトークのアプリまで入れてくれたんですが、彼らの美感を考慮してかわいいスタンプをプレゼントしたりしています。

少し前に、私は35万ウォンの大金を払って心理検査を受けました。検査の結果をざっとまとめると、次の通りです。“頭はよいがすべてに対して敏感で小さな刺激を大きく受け止める。理性的に考え難しい心理状態にたどり着く。日常生活に支障をきたすほど大きな刺激にはパニックなど大きな心理的混乱を経験する。”

イ・ランさんは心理検査（500余りの項目に答えて、文章を完成させる、家族を描く、パズルを合わせるなどの検査）をしたことがありますか？　やはりキャラクター分析は誰かにやってもらうもので、本当に正確でお金を払っただけのことはありますね。私の調子が悪いのには精神的な原因だけでなく心理的な原因もあるということが、不思議と慰めになったんですよ。そんな気分になった理由については次の手紙で説明しますね。

ランセンセの運勢の解析は準備万端です。いつでも電話してください。見料は友情でお支払いください。

2021年5月6日
スリークより

イ・ラン《이랑》より —▷ スリーク《슬릭》へ

슬릭을 어떻게 사귀면 좋을지

아직도 고민돼요

スリークとどんなふうに
付き合えばいいのか
まだ悩んでいます

前回の手紙で私と友人とのケンカについてスリークの意見が聞けてすごくうれしかったです。私の話は“願い”で、友人の話は“差別の現実”だったということについて正確に理解して、大いに納得して、恥じ入りました。そして友人とケンカして本当によかったとあらためて思いました。友人とケンカして、ケンカした当事者ふたりが話をして、共通の友人３、４人で話し合う過程を通して（実際にこの問題について10人以上と対話しました）友人が願う方向に問題を解決しました。でもその当時は問題を“解決”したと思ったけれど、私は相変わらず友人の立場を完全に理解できていなかったように思います。スリークのおかげで！　あらためて気づきを得ました。ありがとう。

私にとっては“友人＝仲がよい”ではなく、“友人＝変化の受け入れ可能”ではないかと思います。私は、私のことを、私の変化を理解して受け入れることのできない元家族と、長いあいだ仲がよくありませんでした。今でもあまりよくないし（元家族の中では父親との関係が最悪です）。いつだったか母親と電話で話していて「お母さんが自分の友達にするように私に接してほしい」と言ったことがあります。私が知っているお母さんとお父さんは友達に対して無礼な人ではないのです。彼らが長いこと付き合いのある大切な人たちも、同じくうちの両親に無礼ではないでしょう。ともかく、その日の電話を起点として私はお母さんとお父さんの電話番号を彼らの名前で登録しました。“家族”という名前の中に、あの人たちを閉じ込めて考えないようにしようと編み出したひとつの方法です。そうやって家族の名前を眺めていると、私がその人たちについて知っていることは本当に少ないことがわかりました。むしろ私は友人たちについて、はるかに多くのことを知っていると思います。私は友人と付き合うときに無礼にならないように努力して、争いや諍いが起きればそこで関係を終わりにしてしまうのではなく、十分に対話をして周りの人の意見も一緒に聞く場所を作ろうとします。そうやってお互いの変化を受け入れて関係の次のステップに踏み出していきますね。そんな過程をともにする友人たちがいて、本当に恵まれていると思います（みんな、愛してる、ありがとう！）。

　スリークに手紙を書いていて、私が出せずにいる１枚の手紙を思い出しました。プレイリストについて書いた手紙の中で出てきた友人のドジンに最後に会った日に書いた手紙です。がんで闘病中だったドジンの体調がだんだんと悪化していた７月のある日、私と親しい友人たちはドジンが“生前葬”をしたいと言っていたのを思い出して、療養のために襄陽《ヤンヤン》に引っ越した彼の家に向かいました。出発する日の午前中、私はバスを逃すところでした。あと少しで高速バスターミナルというところで非情にも道が詰まってしまい、タクシーから降りて喘息で倒れる寸前まで一気にダッシュすることになりました。バスのドアが閉まる0.1秒前にギリギリで乗り込みましたが、しばらくの間、喘息でゼイゼイする呼吸が整うまで苦しい時間を過ごしました。数時間後、江陵《カンヌン》バスターミナルで降りてタクシーで移動してドジンとパートナーが住むマンション団地の前に着きました。

タバコを吸う仲間としばらくタバコタイムを取ってから、エレベーターで家に向かいました。玄関から洗面室に直行してタバコの匂いのする手を洗って口をすすいでいるとき、洗面台の鏡越しに、リビングのソファーに座っていたドジンが急に体を引きつらせて嘔吐する姿を見ました。それを見ながらも手洗いを済まそうと石鹸の泡を水で流しました。タオルで手を拭いてドジンに近づきましたが、私にできるのは彼が吐き出した吐しゃ物を片付けることだけで、友人たちと一緒になってティッシュとウェットティッシュでリビングのラグマットにこびりついたものを拭きました。「ランちゃん、来たの？」というひと言すら言ってもらえない状況で、ドジンは数分後に到着した救急車に運ばれていきました。ドジンと彼のパートナーが救急車に乗って行ってしまってから、主人のいない家に残された私と友人たちはどうしたらいいかわかりませんでした。そのときは状況がどうなるかわからなくて、忙しい日々の中で“突然のオフ会”みたいに数時間だけでも顔を見に来たので、私と友人たちはソウル行きの夕方のバスを予約してある状況でした。“病院に行ってすぐまた戻ってくるだろう”と考えて後ろ髪を引かれる思いで、病院から戻った彼が読むように手紙を書きはじめました。

ドジンへ

救急室にはちゃんと着いたでしょうか。あなたとチョリがいない部屋はものすごく静かだね。
この前サプライズで遊びに来たときは、砂風呂と影絵遊びでにぎやかだったよね。1週間、2週間、3週間――たくさんの変化があったね。私はもともと人間って変化する動物だと思ってる。ごく最近まで人間は“発展”しなくちゃいけないって固く信じてたけど、そんな考えが自分をしんどくさせて、疲れさせていたんだよね。だから“発展”のスローガンは下ろして、変化を掲げることにした。あなたと私、友人たちの変化を全部自然に抱えようと努力しているけど、うまくいってるかわからない。私たちが一緒に過ごした時間よりも、荒々しいほど早く変化が感じられるときも、私に押し寄せる変化をちゃんと抱きかかえてみるよ。その中で私があなたのことを考えて愛している気持ちが、あなたの時間の中にうまく届いていたらいいな。私たちの人生のテーマはいつだって愛じゃない？　愛がすべてだよ。声を残していけないから、手紙を置いていくね。愛してる。

手紙を書いている間にもリビングのテーブルに置いてあるドジンの携帯電話の、家族グループトークにひっきりなしに通知が届きました。救急車に乗って一緒に行ったパートナーのチョリが家族のグループトークに差し迫った状況を伝えているところでした。「今すぐ来ていただけませんか？」「いつ来られますか？」「意識がありません」

緊急のメッセージを読みながら、状況が深刻だと感じた私たちはソウル行きのバスをキャンセルして病院へ向かいました。病院で再会したドジンはすでに意識はありませんでしたが、数人の友人たちは少し前に彼にあてて書いた手紙を隣で読んであげました。なんだか、順番に手紙を読まなくてはならない雰囲気が作られましたが、私はほかの人の前でドジンへの手紙を読むなんてとうていできませんでした。さっき書いたばかりの手紙を声に出して読むのがとても恥ずかしかったのです。ただ、黒っぽく変わったドジンの手をぎゅっと握って、伝えたい話を心の中で打ちあけたことを覚えています。ドジンはその日の夜中に亡くなりました。

スリークの手紙の最後で“ノバディ”として対話をする友人たちに出会えたという話を楽しく読んだけど、今回の返事には私があまりに“サムバディ”の話ばかり書いているみたいで、心が重くなります。スリークと一緒に手紙のやり取りを始めてからいつの間にか9か月目に入ったのに、私はスリークとどんなふうに付き合えばいいかまだ悩んでいます。スリークのSNSを毎日見て、ときどき手紙を読んで、また時にはショートメッセージを送りあったりしますが、あとどれだけ近づいていいのかまだわかりません。話したいことをこらえては“手紙に書かなくっちゃ”と思っているうちによけいに近づき方がわからなくなったようでもあるし（会ってしまったら手紙に書くことがなくなるかと思って）。

会おうと思えばいくらでも会うことができるのに、そんなに遠くないところに住んでいるのに、手紙で読んだスリークの家と作業部屋、そしてスリークの友人たちを想像することが習慣になっているようですね。それでもスリークが精神的なサンクチュアリを遠くにいる外国の友人との対話に見つけたというので、すごく幸せです。もしかしたら、私もスリークと頻繁に会わずに手紙だけやりとりすることは、似たような精神的な安息を求めてのことかもしれません。だけど、私たちもう少し頻繁

に会ってみましょうか？（と、勇気を出して言ってみます）

私は今年ジュンイチの看病を始めてから、すごくアップダウンの激しい（ほとんどダウンの）日々を過ごしています。昨夜は急にジュンイチの体調が悪くなって救急室に行ってきたんですが、その結果……今日からジュンイチの薬／注射／食事のルーティーンを調節することになりました。もともと（という言葉も意味がないけれど）12時間おきだったのが、8時間おきに変更になって、外での仕事を回すのが前よりも難しくなりました。相変わらず友人たちがたまに家にジュンイチのお見舞いがてら私に会いに来てくれるけど。最近では家に遊びに来る友人たちと即興芝居をするのが娯楽なんです。どうして即興芝居が面白いのかよくよく考えてみたところ、演技している瞬間だけは自分ではない“ノバディ”（ではなく“サムバディ”でしょうか？）になるからではないかと思いました。私は私として生きるのがあまりにしんどくて、一瞬一瞬、私と私の時間を忘れようとして友人たちと即興芝居をしているのでしょうか。

誰かが“あんたは今こういう状態だよ”と言ってくれるのを、聞けなくなってから長く経っていることもあるし、ひとりで答えを探すのが難しいですね。ともかく、運勢の読み解きはこの間電話で少し話したように、直接会って聞きたいです。という口実でスリークの実物にもう1回会おうと思って。先週、私のうちの屋上に巨額を投じてパラソルとサンベッドふたつを設置したのです。そこに寝転んでそれぞれ空を見ながら手紙に書く予定の、あるいは手紙に書く予定のない話を交わすのはどうですか？　それとも腹ばいになってペンで手紙を書いてみましょうか。手紙を受け取る人をすぐ隣において手紙を書く、と考えてみるととっても難しいミッションを与えられたようでもありますね。やめておこうか……

自分では決められないので、スリークの決定を待ちます。

2021年5月15日
イ・ランより

私たちの人生のテーマはいつだって

愛じゃない？

愛がすべてだよ。

スリーク《슬릭》より —▷ イ・ラン《이랑》へ

개비스콘 그 자체

胃薬《ガビスコン》そのもの

まず、デザイナー、イ・ドジン先生のご冥福を祈ります。私はイ・ドジン先生と一度も会ったことがなくて、だからと言ってSNSでつながっているわけでもなかったので、イ・ドジン先生について初めて聞いたのが、亡くなったという知らせでした。そして私と親しい人たちがドジン先生を追悼するメッセージを見かけて読むたびに、彼らが見送った人がとっても実直で愛すべき人だったと気づきました。こんなふうに出会う縁もあるんだなあ。死によってその人を紹介されて悲しいのと、同時にきらきらした人に出会えてうれしいです。私の愛する人たちが、彼らの愛する人たちと先に別れる過程を見守りながら（もしも見守るという言葉がスパイをされているように感じられたらごめんなさい。SNSでフォローしている人の多くがイ・ドジン先生への愛ある文章をアップしていて、それらをただ読み流すことはできませんでした）“やっぱり愛ってあるんだな。どこにでもあるわけではないけどここには確かにあるんだな”と思いました。だから幸せと悲しみが同時に来たのです。

私が覚えている初めての死は、家族が飼っていた1匹の魚の死でした。小学生のときに家に大きな金魚鉢があって20匹くらいの魚がそこに棲んでいました。ところが引っ越しをするときにほかの魚はすべて処分（……）して、私たち兄弟が一番愛情を注いでいた1匹だけを連れていくことになりました。書いていながら恥ずかしさがこみあげますが、時間を元に戻す方法をまだ知らないので、恥ずかしい気持ちのまま書き続けます。そうやって１匹の魚（名前はチュロンイです）と、引っ越した家で一緒に暮らしていて、ある日チュロンイが死にました。中学校２年生くらいで、土曜日なので学校が早く終わる日だったのを覚えています。朝起きてリビングに出ていくと死んだチュロンイを発見して、その場で大声をあげて泣き出しました。ほかの家族はチュロンイへの愛情が私ほどにはなかったのか、心の整理をつけるのが早かったのかわかりませんが、私だけが学校に行くことも考えられずに、ご飯も食べずに大声で泣き続けていました。ひとつの生命が死んだという衝撃、そして死んでいく過程における“私”の罪の意識、初めて“所有”した“生命”を失ったという喪失感（実にノンヴィーガン的な悲しみですね）などで涙が止まりませんでした。ただ涙を流すという程度ではなく本当に慟哭して嗚咽しました。ほかの家族は“何がそんなに悲しいんだろう、魚が１匹死んだだけで”くらいの視線で私を見ていて、私は泣きながら学校へ行きました。ちなみに私は本当に泣かない人間です（映画『7番房の奇跡』を観ても泣きませんでした）。

２度目に経験した死は、１週間だけ臨時保護していた赤ちゃん猫の死でした。名前は“ヨルム”でした。どうにもならない事情で（やはり人間の間違った事情でした）私の家で１週間の臨時保護をしたのですが、肺炎で死んでしまいました。私が連れてきたわけではなく、ルームメイトの知り合いがうちに臨時保護を頼んできたのですが、よりによってその週は私のスケジュールがぎっしり詰まっていました。人間の赤ちゃんだって24時間のケアが必要なのだから、猫の赤ちゃんも同じことでしょう。スケジュールの合間を見ては無理をしてでも家に戻ってヨルムの世話をしましたが、やっぱり無理でした。ヨルムの死はチュロンイの死より、もっと大きく深く長い悲しみをもたらしました。“私が死なせた”という考えが頭から離れなかったからです。私が生きのびさせることもできた命を死なせて、その死がすべて自分の責任のように感じられました。だから、1日中泣くほかありませんでした。

そうしているうちに“この命が死んだのは私の責任だ”という考えそのものが本当に人間中心的だということに気づきました。ほかの動物の命に人間が“責任”を負う権利が、能力があるでしょうか。人間は“コンパニオン・アニマル”という名前で動物を所有してその命に責任を負おうとします。私はコンパニオン・アニマルの死と工場式畜産業による数多くの動物の死に違いはないと考えます。コンパニオン・アニマルは愛する家族だから、その生命と幸福に一役買う権利と能力が人間に与えられるという言説は、すなわち、誰も愛さない食料として生まれてきた動物は望むだけ幸せに生きる権利がないということと同じだと思います。人間にはほかの動物の生と死、特に死に関与する権利がありません。愛する動物でもそれは同じなので、私はヨルムが死んだその年の夏《ヨルム》が終わるまで毎日泣いて過ごしました。

『シースピラシー』を観はじめて、途中で消したりしませんでしたか。私もそうするところでした。『シースピラシー』だけでなく『ドミニオン*』を観ているときも同様でした。『ドミニオン』は家畜として、生物ではない扱いを受ける動物たちの現実をあるがままに見せてくれるドキュメンタリーです。途中で嫌悪すべき人間の姿が登場すると、同じ人間として感じる自責の念から始まってあの画面の中の人間と私が同じ人間という種としてくくられるのはどうしてなのか、という羞恥心と挫折感が生まれました。それで私はヴィーガンになって、今年で３年目です。生命が死ぬこと（あるいは殺されること）と人間の権利はあまりにかけ離れていて、まるでチャジャン麺と冥王星にくっついている名もなき粒子ほど別のものとして存在します（こんな比喩は常にチャジャン麺を召喚することになりますね）。それで人間には動物の死に関与する権利がないと考えて私はヴィーガンになりました。はじめは工場式畜産業と製薬会社の結託に衝撃を受けてヴィーガニズムを学びはじめました。私は心に矛盾を抱えたまま生きていたくなくてフェミニストになった人間なので、今回も矛盾がひとつなくなってとても幸せ

*　主に食品に使用される動物に焦点を当てたドキュメンタリー。2018 年制作のオーストラリア映画。

です。韓国でヴィーガンとして生きるのはとっても大変ですが、幸せです。ストレスを感じますが、心に矛盾がたまることがありません。ヴィーガンとして生きることは、胃薬《ガスピコン》そのものです。

簡単に私の四柱について説明するなら、私は乙亥日柱《ウレイルジュ》です。乙亥日柱は冬のはじめに乾いた大地に植えられた小さな木に例えることができるそうですが、どうでしょうか？　私らしいですか？　しかも乙亥日柱はつる植物です。“適応”を象徴する印です。そう考えてみると、私はあらゆることに適応する能力だけは卓越しています。例えば、観相的には“非契約職員”の顔をしているからなのか、どこにどんなふうに入っていっても制止されることがないです。パスポートを作ろうと区役所に行ったのですが、私だけ体温を測らずに入れてくれるのです。それで「あの……私も今日ここに初めて来たので、検温をしないといけないんですけど」と申し出ると「あら、てっきり職員だと思って」と職員に言われました。こんなことがかなりしょっちゅう起こります。私は“職員専用ゲート通過選手権”があったなら予選程度は軽く通過する自信があります。

マスコミの会社に賞をもらいに行った日も、職員専用エレベーターに乗った記憶があります。とにかく、それほど“ノバディ”に最適化された顔だ、とお伝えしたいです。だからメタモン*のように、こんなふうにもでも、あんなふうにでも、うま

---

*　ポケモンに登場するモンスターで見たものに変身することができる。

いこと適応して生きているみたいです。そして大運が変わる年なので、今年さえうまく乗り越えれば来年から道が開けるので心配いらないと出ています。心配のない人生なんて存在しませんけど、気分がいいです。前に話したブラジルの友人の生年月日時で四柱を見たところ、だいたい合っていると言われましたよ！　国籍不問だという事実に、あらためて驚きました。ちなみにその友達は壬午日柱《イモイルジュ》でした。早く、ランセンセの四柱も拝見したいものです。

　ミュージシャンのスリークは最近めちゃくちゃ忙しいです。サードアルバムを作っているところです。いい歌をいつ作るのか悩んで、歌の作り方を少し学んだので、今は“もっと上手に”作る方法を探っている途上です。アイデアを整理して、意図した通りに聴かせる作業です。人間リョンハはいつだって気力がぐだぐだでミュージシャンのスリークは情熱にあふれているのでリズムが合いませんが、これも音楽ですから。そうやって作った歌たちがハードドライブに雑多にたまっているので、いつか作業部屋に遊びにきたら一緒に聴いてください。ランランセンセの意見もとても聞いてみたいです。私は歌ができると、とにかくカカオトークで音楽仲間にデモを送って、作品がどうか尋ねてみるんです。もちろん仲間も私に音楽を送ってくれるし。フィードバックを受けると、その歌は私がひとりで作ったバージョンから抜け出していろんな人の感想を加えて、より多彩になるのがうれしいので、歌を作ると必ず仲間にばら撒きます（?）。最近は1日に1曲ずつできてくるという異常な経験をしていて、悪くはないけどやや疲れてもいます。デジタルオーディオレコーディング・編集プログラムのDAWがうまく扱えなくて、歌を作るのに長くかかります。アコースティックよりもMIDI*楽器で作る歌のほうがはるかに多くて、歌を1曲作るのに3、4時間座ってコンピューターを見つめていないといけません。もちろん私が未熟な点もあるし。それでも夢中になって集中できるので気分は最高で、腰は最悪なのです。合意点を探しています。

　手紙のやり取りをしながら、とても遠くにいるけど不思議なことに、すべての苦痛の始まりが私と同じある人をよく思い浮かべます。どうしてこんなにも、私と悲しみ、怒り、涙、無気力の出発点が同じ、あるいはほとんど同じ人が存在しうるのでしょうか？　ランセンセの返事を読んでいると、一度もそうだと思ったことはないけどいつもそうだった自分自身を発見したし、反対にいつもこうだと思っていたけど“果たしてそうだろうか？”と自分自身に問い直す瞬間に出会うこともありました。最近の数か月は骨の髄までパニック障害を患っている人間が、その深い胸の内を打ち明けるまでの道と時間を省略できる

*　電子楽器の演奏データを機器間で転送・共有するための共通規格。

誰かに向けて手紙を書いたのだといつも考えました。理解しあうために、説明すべきことも感じるべきこともあまりに多いけど、苦痛の始まりが同じ人間同士なら、その長い過程も一気に飛び越えることができますから。

偶然、電車の向かいの席に乗り合わせた人、偶然同じ国の言葉を使う人、偶然よく似た職業を持ち偶然よく似た人生を生きてきた人。ランセンセは私にとってそんな人です。こうして考えると、私は今までずっと自分自身に手紙を書いてきたように思います。だからなのか、自分の思いの丈を心置きなく書きました。

隣にいる人を見ながら、少しだけ意地悪に、理解できないほほえみを浮かべて手紙を書くなんて想像するだけでとても楽しいと思います。向かい合って書きましょうか？　言いたい言葉が際限なく出てきそうです。

2021年5月19日
スリークより

私は心に矛盾を抱えたまま
生きていたくなくて
フェミニストになった人間なので、
今回も矛盾がひとつなくなって
とても幸せです。
韓国でヴィーガンとして生きるのは
とっても大変ですが、幸せです。
ストレスを感じますが、
心に矛盾がたまることが
ありません。

イ・ラン《이랑》より —▷ スリーク《슬릭》へ

령화에게

リョンファへ

スリークから手紙が（メールで）届くたびに目に入る“送信者：キム・リョンハ［学生］（経営学部メディア学科）”の名前と、私がはじめからアーティストとして接してきた“スリーク”という名前の間のどこかに、私と定期的に手紙のやり取りをしている人がいるのだと考えながら手紙を開いてみます。キム・リョンハの名前の横に［学生］と書いてあるからか、スリークが私を“ランセンセ”と書いていた呼び方が思い浮かびます。私たちが2度目の手紙を交換したころ呼び方の話をしていたと思うんだけど。あのときスリークは“先生”という敬称が好きだけど“スリーク先生”と呼ばれると“その敬称を発話している口から一番遠くに逃げ出したい気分になる”と言っていました。私もまた出版関係者の皆さんから“イ・ラン先生”という敬称で呼ばれると相変わらず鳥肌が立ちます（授業中に私が教えている学生たちであればまったく問題ありません！）。幸い、スリークが書く“ランセンセ”という呼び名は“先生”の略語というよりもあだ名のように聞こえて、それほど違和感がありません。スリークにとって私はいつからか“ランセンセ”で固定されたようですが、私はといえば最近“リョンファ”という名前がこの上なく好きなのです。

チュロンイの死を目にした日に、泣きながら学校に歩いていった中学生のリョンファ。ヨルムの死ではそれよりもずっと激しく長いこと泣いていた、多忙なアーティスト、スリークの人生を共有していたリョンファ。心の矛盾をなくすためにフェミニストの人生を、ヴィーガンの人生を選択したスリークとリョンファ。

この間のどこかの時点で、リョンファがスリークの人生を共有しはじめた日があると思うのですが、その日はどんな姿だったのかひとりで想像してみました。ある人のある1日をディテールまで想像することは“イ・ラン［学生］（映像院映画科）”の以前からの習慣なのです。リョンファとスリークの話をもっと具体的に想像するために『物語、遠くても近い』（ハーストリー社）のスリークのインタビューを参考にしました。

乙亥日柱の生まれで、“娘―娘―息子“の家の次女として生まれた（私と同じですね）リョンファは子どものころから自分の名前を嫌っていました。どこにでも適応できる“ノバディ”に最適化された顔と違って、名前だけはあまりに強烈にオールドスタイルだったからでしょう。偶然耳に入った大人たちの会話から、自分の名前がどこから来たのか知ってしまったリョンファの心を、悲しみがぎっしりと満たしました。“リョンファ”は次に息子を得るために両親が名付け屋に金を払って買ってきた名前だったのです。「私は両親が息子を願う気持ちを証明する存在なのか」。娘─娘─息子の家の次女なら当然、そんなことを考えながら成長したのでしょう。私もそうでしたから。

自分の誕生を惜しいとか残念だとか言われながら、リョンファの時間はスリークに出会うための準備をしました。ある日、中学生のリョンファは1日中ミュージックビデオを流している音楽チャンネルを通して“ラップ”というものを初めて聴いて衝撃を受けました。「ハングルの子音と母音でこんなに面白いことができるなんて！」リョンファは歌詞を書きはじめます。どこにでもうまく適応する乙亥日柱に生まれたリョンファは、自分がラップに適応しただけでなくラップがとても得意だということに気がつきます。それは周りの人たちの反応からすぐにわかったことでしょう。息子を得るまでの過程で生まれた次女は、社会に認められてようやく自分を照らす一筋の光を感じられたのでしょう。そう考えると、リョンファにとってもランイにとっても音楽がその光になってくれたのですね。

ラップが得意だと確信したリョンファはラップネームをつけることにします。ラップネームは名付け屋で買わなくてもいいのでお金もかからないし、名付けられる当事者の同意も確実に得られますよね。どんな名前がいいだろうか。リョンファはノートを広げてハングルの子音と母音を書きなぐります。英語でも書きなぐってみます。成功したラッパーたちはずいぶん稼

いでいるようだと聞くけれど。お金がたくさん稼げるように名前に“ $ ”を入れたらどうだろう。“リョンファ ”という名前にお金に近い“ $ ”の発音がないことが内心残念だったリョンファは“S”から始まる言葉たちを口の中で転がしてみます。やはり言葉を転がしてみると“R”の発音が出てくるようです。韓国人が英語を学ぶとき特に神経を使う発音ですね。そうして“S＋R”を転がして“슬《スル》”が完成したんですね。“설《ソル》”になる可能性もあったかもしれないけど、ソルは舌《ソル》を連想させる言葉なのでリョンファは“슬《スル》”に判を押します。そうやって“슬《スル》”の1文字でラップネームを完成させてもよかったけれど、私たちの心の中では芸名というのはなぜだか2文字がぴったりだと感じますよね。私の名前“イ・ラン ”が本名だなんてほとんどの人が知らないみたいに。

“슬《スル》”の後ろにどんな言葉をくっつければいいだろうか。リョンファは再び悩みはじめます。“ $ ”で始まるには、富と名誉が必ずくっついてきそうなよい気が充満していますが、とてもゆっくりと発音してみれば“スルー ”っとどこかに気運が漏れ出す感じがします。せっかくこうやって得た富と名誉がスルーっと漏れ出しては、いいことがなさそうです。気運が漏れ出してしまわないように断固とした装置を追加しなければならないと思います。ハングルの子音で断固とした気を持っている候補としては“ㄱ《ク》/ㄲ《ク》、ㄷ《ツ》/ㄸ《ツ》、ㅂ《プ》/ㅃ《プ》、ㅈ《チ》/ㅉ《チ》”あたりがあり

そうです。“슬《スル》”にひとつずつ付けて発音してみます。やはりこれらの子音の中からひとつ、末子音《パッチム》として使ってこそ気が抜け出さず口の中に閉じ込めることができそうです。スペルが合わないものを省いていくとすぐに“ㄱ《ク》/ㄲ《ク》”が残ります。“ㄱ《ク》/ㄲ《ク》”を末子音として終わる言葉たちをあれこれ口で転がしてみます。

슬악《スラーク》、슬귝《スルゴク》、슬끽《スルッキク》、슬록《スローク》、슬븍《スルプク》、슬족《スルジョク》、슬먹《スルモク》、슬육《スリューク》、슬륙《スリュク》、슬력《スリョク》。

転がしてみると“슬《スル》”の終声“ㄹ《ル》”の発音を受け継ぐには母音が続くほうが自然ですね。

슬악＝슬락(スラック)　ブロックを連想します。ツイッターでブロックされたらちょっと気分悪いですよね。

슬약＝ 슬략(スリャク)　薬局へ行って何か話していて途中で省略した感じです。

슬억＝ 슬럭(スロク)　お腹がしくしく《スロクスロク》痛む音に似ています。

슬역＝슬력(スルリョク)　カレンダー《タルリョク》を連想します。誠実な感じですね。

슬옥＝ 슬록(スルロク)　トナカイ《スルロク》を連想します。かわいいですね。

슬욕＝ 슬룍(スルヨク)　“辱め《ヨク》”という言葉があまりに強力でそこから抜け出せませんね。

슬욱＝슬룩(スルーク)　トナカイが楽しそうにおしりを

ふりふり《スルロクスルロク》する場面を連想します。

슬육＝슬륙（スルリュク）　殺戮《サルリュク》に似ているので、2021年3年目のヴィーガンになったスリークのために脱落させます。

슬윽＝슬륵（スルーク）　アルファベットのスペルで難航が予想されます。

슬익＝슬릭（スリーク）　マウスがクリック！する音を連想します。

リョンファは何か“キラリ”とする感じの“**슬익＝슬릭**《スリーク》”という言葉を選びます。“**슬익**”と書くと“スル（空けて）イク”と発音する人と“スリーク”と発音する人に分かれてしまいそうだと考えます。1文字目の末子音ㄹはそのままにして続けて発音したほうがいいと考えたリョンファは“**슬릭**”のつづりを選びます。英語の表記は＄LEEK、＄LIK、＄LEAK、＄LEEG、＄LEEQなどさまざまな候補がみつかりますが、断固としながらもユニークなイメージを持つQがいいと考えます。

さあ最後にお金をたくさん稼ぐという願いは私たちの心の中に“別の名前で保存”することにして＄をSに変更します。“キム・リョンハ［学生］（経営学部メディア学科）”にはラップネーム“**슬릭**《スリーク》／SLEEQ”が生まれました。リョンファのノートは、名付ける過程で書いては消したハングルの子音と

母音とアルファベットでぎっしり埋まっていて、新たな名前を得たリョンファも満ち足りた気持ちになります。このうれしい知らせを大切な友人たちに伝えるために、リョンファはグループに一斉メールを書くことにします。短い内容ですが、少し興奮した気持ちで心を込めて文章をまとめます。地球のあちこちに散らばって暮らしている友人たちは“送信者：キム・リョンハ［学生］（経営学部メディア学科）”から、リョンファの新たな名前を知らせるメールを受け取ることになります。

私がそのとき、そのメールを受け取る友人の中のひとりだったら、どうしただろうと考えてみました。その短い知らせに何と返事を送っただろうか。リョンファとスリークの友人たちはその知らせに何と答えたのか気になります。当然たくさんのお祝いと応援を受け取ったのでしょう。

アルバムの1枚も出していなかった、たまに学食の前に座ってギターを弾いて歌っていた“イ・ラン［学生］（映像院映画科）”も、歌が1曲できるたびにすごくうれしくて満ち足りた気持ちで夜中に友人たちに一斉メールを送りました。翌日の朝、友人たちから「歌、すごくいいね」と返事が届くと、その反応があまりにうれしくて、早く次の歌を作ってまた共有したい気持ちでいっぱいになります。友人たちからまた褒められたい気持ち。あのときはその原動力ひとつで夢中になって作曲していたのを思い出します。正式なファーストアルバムを出す前に26曲くらい作っておいたのですから、言いたいことは全部言いました。今は……1年に2曲くらい作っていると思います。なんだか悲しいですね。

ミュージシャンのスリークがサードアルバムを準備しているなんてすごくうれしいです。ミュージシャンのイ・ランも今年サードアルバムを出す予定です。前のようにゆじんたちに褒められて（友人がゆじんとタイプミスされていますが、なんだかかわいいのでそのままにしておきます）作曲の実力がふわふわと舞い上がっていた22、23歳のイ・ランではない、1年に1、2曲あるいは1曲を2、3年かけて作る36歳のイ・ランになりました。情熱にあふれるミュージシャン、スリークと気力がグダグダなリョンファが息を合わせてサードアルバムを作っているように、ジュンイチと一緒に1日中家に寝転んでいるのが幸せなランイと、5年ぶりの正規アルバムをきちんと作りたいミュージシャンのイ・ランが息を合わせるのに苦労しています。前に一度スリークに話したと思うのだけど、今回のアルバムで“ラップ”がしたくて、“ラップですよ”とか言って曲を書いたけど、それを聞いた友人たちから“これラップじゃないけど”と言われた曲がひとつあります。友人たちに認めてもらえなくて悔しくて、どうすればラップが書けるのか本当にわかりません。今年サードアルバムを出してからもう一度ラップづくりに挑戦してみようと思うのですけど。何からどうやればいいのかわからなくて専門家の助けが切実に必要です。

スリーク先生、私がラッパーになれるように手伝ってくださいませんか？

ミュージシャンの同僚から手紙メイトへ、手紙メイトからラップの師匠と弟子へ。

私たちの関係がもう一度、新たに始まる日を楽しみに待っています。

リョンファもスリークも平穏な1日を送れますように。

2021年5月24日
イ・ランより

人間リョンハはいつだって
気力がぐだぐだで
ミュージシャンのスリークは
情熱にあふれているので
リズムが合いませんが、
これも音楽ですから。

スリーク先生、
私がラッパーになれるように
手伝ってくださいませんか？
ミュージシャンの同僚から
手紙メイトへ、手紙メイトから
ラップの師匠と弟子へ。
私たちの関係がもう一度、
新たに始まる日を楽しみに
待っています。

スリークの言葉

　自分で考えるに、ミュージシャン、スリークの弱点とは音大を出ていないとかヒップホップシーンでフェミニズム宣言をしたということではありません。ズバリ、集客力が弱いという部分でした。数はとても少ないし、ゆっくりとしたスピードですが、私を好きになってくれる人たちは増えることはあっても、減ったことはないと思います（私のことはどうでもいいとか、嫌いになった人は多いですけど）。ところが公演をするたびに赤字が出ます。お客が来ないのです。

「あなたはあちこちのイベントに出まくっていて、あなたを見たい人はたいていお金を払わなくても見ることができるんだから、有料の公演に来るお客が少ないのは仕方ない」と、ある人に言われましたが、その言葉がいまいちピンときませんでした。各種の人権イベントでライブをする私の姿を偶然に見たなら、その中の誰かはきっと私のライブに来たくなるはずです。特に私はとっても具体的な聴き手を念頭に置いて作った歌を歌っているので、私の歌みたいな歌を聴こうと思えば私の歌以外で代わりになるものを見つけるのは難しいです。それなのにどうして私はいつも集客が弱いのでしょう。

この手紙を書いていて如実に感じました。これまで私は自分の歌を聴きたい人たちが訪問しにくいところでばかり公演をしてきたんだな。私の話に共感してくれる人たちが気がねなく楽しみにくい方法ばかりで公演を企画していたな。だから本当に“来ることができる”人だけが来ていたために観客が少なかったんだなあ。ウェブマガジンで連載していたこの手紙がかなり注目を集めていると知らされて、ようやくわかりました。私がどれだけ傲慢な気持ちで生きてきたのかと。

往復書簡を書きはじめるにあたって、散文について勉強を始めて、その過程で出会った趣味が筆写です。私が愛する人たちがシェアしてくれる記事や本の中の文章を筆写してみると、何を逃してしまったのかに気づきます。もちろん今はようやく手紙の交換を終えただけで、私たちが送りあう話はまだたっぷり残っていますが、私はイ・ランさんと手紙のやり取りができてよかったと思います。たくさんのことを学んで、何をさらに学ぶべきかを学んで、これからどんな人間として生きたいのかわかりました。

私たちの手紙が注目された理由は、実はイ・ランさんの集客力が強いからかもしれません。イ・ランさんはミュージシャンであると同時に、作家のアイデンティティがはっきりしている人なので、私たちの手紙が多くの人に関心を持ってもらえたのでしょう。考えてみるとこちらのほうがはるかに合理的な理由ですね。初心者運転に付き合ってくださった作家のイ・ランセンセに感謝します。

私はまだ伝説のギタリストになれていませんが、ビートメイキングを学びはじめました。言ってみれば楽器についての勉強を始めたというわけです。はじめの手紙でアピールしていた目標の“伝説のギタリスト、スリーク”の物語は本が終わるこの瞬間になっても始まっていませんが、작가《作家》のㅈの字くらいは理解した、あるいは세상《世の中》のㅅの字くらいは理解した自分でもよろしかったら、私の手紙を読んでくださったすべての皆さんに感謝申し上げます。ありがとうございます。

以上、韓国語ヒップホップのワントップ、スリークでした。

イ・ランの言葉

　エピローグを書くためにプロローグをもう一度開いてみました。そして私が2020年8月からスリークに手紙を書きはじめたことがわかりました。この1年間の出来事の中で手紙を書くことが一番楽しかったです。2週間に一度ずつスリークに手紙を書いていて、隙間時間にメッセンジャーやショートメールを我慢するようになる効果があるのだとわかりました。しかし我慢した分だけ知りたくなって、切実な気持ちが生まれてくるのがさらによかったです。

　私は耐えられないほど無気力なときに、ずっと前から集めておいた手紙をファンレターボックスからひとつずつ取り出しては読みます。コメントや短いメッセージで「イ・ランさん、大好きです《サランヘヨ》！」と書いてある短い言葉もうれしいけれど、1枚、2枚と便箋にぎゅっと詰め込んだ文章を読んでいると、書いてくれた人についてたくさんのことを想像します。この人はどうしてこの便箋を選んだのだろう。封筒にはどうしてこのシールを貼ったのだろう。この文章はいつどんなところで書かれたのだろう。私に手渡すまでどんな気持ちで手紙を持っていただろう。くしゃくしゃになった封筒を触りながら想像を広げてみればいつの間にか心が穏やかになって、何かを、あらためて始める力が出てきます。

だから、この本を読んだ皆さんにお勧めしたいのです。手紙を書きましょう。親しい友人に1日の間に話したかったことを話さずに我慢して手紙に書いてみましょう。私とスリークのように2週間、言葉を我慢して手紙を書いてみるのもよさそうですね。私はこれから筆写が好きなスリークへ手紙をペンで書いて送ってみようかと思います。手書きの手紙はキーボードを打つのとはまた違った疲労感があるでしょうけど、それでも書きたいのです。

生きて、手紙を書いて、会って、伝えてあげることにしましょう。

訳者あとがき

この本を訳そうと思ったのは、スリークを知ったことがきっかけでした。日本ではほぼ無名ですが、とても魅力的なアーティストです。スリークの言葉が日本語になって出版されるのはこれが初めてです。孤高のリリシスト、地獄から来たフェミニスト（これはMnetの「Good Girl」登場時のスリークのキャッチコピー）の言葉遣いは軽やかで芯が通っています。イ・ランは日本でも音楽活動を続けてきて、日本語訳された本も多いので、彼女の声と言葉の力強さは説明するまでもないでしょう。

この往復書簡『カッコの多い手紙』は、新型コロナの感染が広がった2020年の夏からウェブマガジン週刊文学トンネ（http://www.weeklymunhak.com）に連載されたのち2021年7月に紙の本になりました。それから日本語版が出版される2023年までの間に日本でも先鋭化されたテーマが、この中では先取りされたかのように交わされています。女性の体と妊娠・中絶の話、女性トイレの話、セクシャルマイノリティの話、トランス排除の話。

テレビの中ではショートカットにハーフパンツ姿で、一見少年のように見えるスリークから「もしも私が妊娠したら」という言葉が飛び出すとは想像していなかったので、とまどいました。それよりもハッとしたのは“イ・ランお姉さん（オンニ）”と呼んでしまわないふたりの関係です。韓国では本当の家族ではない人を家族のように呼ぶことで、信頼感や恋愛感情を表すことがあります（女性ファンが男性の推しを“お兄さん（オッパ）”と呼ぶのも同じです）。でも、相手を“オンニ”や“オッパ”と呼んだ瞬間に、そこには上下関係が生まれてしまいます。スリークはミュージシャンの先輩で、歳の差もあるイ・ランのことをを“オンニ”と呼びません。ランランさん、ランイさん、ランセンセ、とさまざまな言葉で呼びかけます。これはフィメール・ラッパー、スリークの言葉遊びかもしれないし、

“儒教ガール”のスリークが家父長制にからめとられないように注意深く距離を取っているのかもしれません。

イ・ランは一貫してスリークをスリークと呼んでいて、とてもフラットな関係性を感じます。ミュージシャンの同僚として信頼しているのがわかります。特に後半、「“きちんと名付けられもしないうちに名前を消されることは認められない”と“すべての名前がなくなっても誰でも気楽に生きられたらいい”の対立」に関して、前者は“差別の現実”で後者は“願い”であると整理して「願いと現実のうち、よりはっきりと、まずわかっておかなくてはいけないのは現実のほうです」(p.171)とスリークが諭す場面が印象的です。まず、これは今、2023年の日本で起きている葛藤を解きほぐす明解な答えになっています。そして、自分だったら正しいと思うことを年上の同僚に向かって、ズバッと言えるだろうか？（言っちゃうと思うけど）言えば相手に理解してもらえる信頼関係はあるだろうか？（うむ……）と思わず自問してしまうのです。スリークの言葉にイ・ランがどう答えているか、ぜひ本文に戻って探してみてください。同僚愛を感じます。

イ・ランの「私たちはフェミニズムイベント四天王のうちのふたりじゃありませんか」(p.53)という表現も力強くて大好きです。残るふたりは誰なのか、読者の皆さんが気になるかと思って（何よりも私が知りたくて）イ・ランに聞いてみました。ミュージシャンでエッセイストのオ・ジウン（오지은）とミュージシャンで映像作家のシン・スンウン（신승은）だそうです。シン・スンウンはスリークのミュージックビデオ「あのね（있잖아）」の監督もしています。

フェミニズムとか家父長制とか言うと、難しく聞こえるかもしれませんが、この書簡集はユーモアにあふれています。銭湯から追い出されるのではないかとタトゥーを隠すスリークの姿も、日本語が読めるようになりたくてKUMONを始めて挫折してしまうイ・ランの姿も、おかしくて愛らしくてフフッと笑ってしまいます。何より

ふたりの言葉がとても美しいです。韓国語で美しさを表す言葉はいくつかあるのですが、この場合は곱《コプ》다《タ》です。この単語は赤ちゃんの爪など小さくて精巧なものを表したり、「心根が美しい」のように好ましい状態を表したりします。別の言い方をすると「곱《コプ》다《タ》とは画素数が高くてきれいに見えること」だと、教わりました。この往復書簡はとても内密な話を解像度の高い言葉で交わしています。だから読んでいる私たちも、フフッと笑い、うんうんとうなずけるのではないでしょうか。何よりふたりはミュージシャンですから、ぜひ彼女たちの音楽も聴いてほしいです。検索しやすいように、著者紹介にはさまざまな文字をいれてもらいました。

私がスリークというミュージシャンを知ったのは2020年の雑誌の対談でした。そのころ始まった往復書簡は紙の本になり、この本の企画書を書いて日本全国を周り（というのは大げさですが、すんなりとは決まりませんでした）ご縁があって福岡の書肆侃侃房から出版が決まりました。この本にかかわってくださった皆さんに感謝します。

イ・ランの言葉は彼女自身が話す日本語と、すでに出ている翻訳を参考にしています。スリークとは翻訳出版が決まってからツイッター（現・X）のスペースで何度かおしゃべりをしました。あのときのスリークの弾むような軽やかな声が、日本語訳で再現できているとうれしいです。

2023年夏　吉良佳奈江

追伸：日本の読者の皆さんへ、スリークとイ・ランからメッセージが届きました。

日本の読者の皆さんへ

話したい気持ちと文を書きたい気持ちは、同じものだと言えるでしょうか？　正解はわかりませんが、どちらも何かを表現したいという点で、私が渇望している気分だと言えそうです。話すのが好きな私がイ・ランとの間で手紙のやり取りをして、その本が日本で出版されるなんて感慨深いです。こうやって、あらためて何かを話す機会ができました。大切なこの紙面に何を書けばいいのか、ワクワクするし怖くもあります。

イ・ランに初めて手紙を送った日を思い出します。愛するイ・ランに言いたいことを、何を書いて送ってもよくて、しかも返事までもらえるなんて、今考えてみてもドキドキするようなことです。手紙をやりとりしている間、本が出版されて無作為な（韓国の）人々に届く間、私は〈つながる〉ことの大切さに気づきました。新型コロナの感染が広がって、私たちは長い間断絶して暮らさなければなりませんでした。いつまで続くかわからない断絶は、私自身を少しずつ絶望させたりもしました。人に会って一緒に時間を過ごすことがむずかしくなり、Netflixでも際限なく見ていたその時間の中で、イ・ランと手紙をやりとりしながら過ごした夜は、とても暗かったけど暖かかったです。本当に懐かしくて大切な文章です。新型コロナはまだ完全に終息したわけではありませんが、再会の喜びを感じることができるこのときに、日本にいる皆さんとこのように結ばれて大いに光栄です。手紙を書いたときは、韓国の外にいる人が、それも日本語で読んでくれるとは思いませんでした。母に自慢したくなりますね。

文学トンネの関係者の皆様にもお礼を申し上げます。手紙がウェブで連載されてから本として出版されるまで、たくさんの人たちが私とイ・ランの文章を見守ってくれました。翻訳を担当してくれた吉良さんにもお礼を言います。佳奈江さんとはツイッターのスペースを通じてよく挨拶を交わします。今私が書いているこの文も佳奈江さんが翻訳してくれていると思いますが、ダナンからご挨拶します。ぜひ会いたいです。会えば話すことが本当にたくさんあると思いますが、私たちのコミュニケーションが、スペースと同じくらいうまくいくことを願っています。佳奈江さんの韓国語の授業は無事に進んでいますか。気になります。

私は今、ベトナムのダナンというところに住んでいます。ここの時差は日本より２時間遅くて、天気はとても暑くてムシムシしています。韓国を離れて６か月になりますが、信じられないほど素晴らしい日々を過ごしています。これまでは時々旅行に行くくらいで、こんなに長い時間を他国で過ごすのは初めてです。そのためか、毎日新鮮で美しく感じます。私自身も、韓国に住んでいた時とは比べ物にならないほど変わったのですが、最近は泳ぐことにはまってその楽しさで生きています。家から10分ほど歩いていくと小さなビーチがあります。泳ぐのに最適な午前５時か午後５時のどちらかに、１日に１度、必ず泳ごうと思っています。何よりも椎間板ヘルニアのためというのが第１の理由ですが、ただ泳ぐこと自体が好きで、毎日泳いでいるんです。塩辛い海水に浮かんでいると陸地での（？）雑念が消えて、自分の体が水中でどのようにバタバタしているかに集中することになります。ダナンに初めて来たときは、海に入るとは思わなかったのですが、本当に人生ってわかりません。昨年までは自分がベトナムという国に住むことになるなんて、想像もできませんでしたから。性格もずいぶん変わりました。こちらで親しくなった人々はほとんど私を〈幸せな〉人だと思っています。私が笑顔でないときには、どうしたのかと聞かれたります。笑顔で１日を過ごすことがどれほど幸せなことか、ここに来て気づきました（もちろん24時間笑ってはいるわけではありませんが）。

（カッコを使うと、ふと、私たちの本のタイトルが浮かびます。今考えてみると『カッコの多い手紙』というフレーズの第一印象が本当に面白いです。どんな話をしようとして、カッコが多くなったのでしょうか？）ダナンにいると本当にいろんな国から来た人たちに会ったりしますが、最近仲良くしている友人はキルギスタンという国から来ています。この友達にこの本のタイトルを説明するのに〈カッコ〉を英語で何というのか（その友人とは英語で会話しています）思い出せないのです。両手をきゅっと丸くして「これ、これ」と見せましたが、よくわからないみたいでした。結局私は〈the letters with a lot of secret words〉と伝えましたが、カッコに入る文字は、もう少し心の中の考えに近くて、それならもっと秘密めいた内容ではないかと思って、とっさにそう訳しました。翻訳というのは深くも奥行きのある世界なのだと、あらためて実感しながら、ふと、私が韓国語で書いているこの文章は、日本語を使うみなさんにはどんな母音と子音の形で（あるいはひらがなやカタカナで）伝わるのか知りたくもなります。

この文も書いてみると誰かに送る手紙のような気がします。受信者は私の手紙メイト、イ・ランかもしれないし、この文章の完成版を真っ先に読む編集者さんかもしれません。あるいは私がまだ会っていないあなたかもしれませんね。お会いできてうれしいです。どうしてこの本を購入して、この段落を読んでいるのかわかりませんが、時空間をめぐりめぐってこのように出会いました。お元気ですか。どうかこの文を読んでいる今、安らかな時間でありますように。私たちは永遠にお互いの顔がわからないかもしれません（！）この本の表紙（原書）には私の顔の代わりに、可愛い猫が描かれていますから（あ、日本版の表紙は変わりますか、よくわかりません）。

私の顔を想像することがあれば、できるだけ明るく笑っている姿を想像してください。すでに私の顔を知っている人なら、もっと簡単ですね。私は今、笑っています。

今はひとり暮らしですが、私は寂しくありません。今は誰かと話したいときにどこに行けばいいのかわかっているし、ひとりのときはその瞬間を満喫しようとしますから。世の中が良くなって、こうやってひとりでコンピューターを前に想像の中の読者に会うのも、ある意味発達した現代社会の美しい対話の一形態だと思います。私とイ・ランの手紙を読みながら、思う存分割り込んでください。他国の言語で書かれた本を読んでいると、だいたい文字通りには理解できますが、まれに文脈がわからない瞬間に出くわすものです。でも、もし私とイ・ランの手紙の中にそのような部分を見つけたら、いつでも説明を求めてください。私はインスタグラムのアカウントを公開しています。本を読みました、というメッセージを送っていただければ、それが日本語でもベストを尽くして翻訳してみます。グーグル翻訳機もとても立派ですが、私には日本語ができる家族が3人もいます（!!）。

どのようなつながりが私たちを待っているのでしょうか？　誰にもわかりません。ビデオコンテンツが世の中を支配しているこの時代に文章で出会ったので、いっそう大切な縁だと思います。文字だけで会うことができる世界での縁だなんて、急にロマンチックになりますね。今さらですが、よく見られたいのです。どうぞよろしくお願いします。

ダナンにて、スリークより

日本の読者の皆さんへ

2023年8月11日ソウル。私は台風〈カヌン〉の影響下でこの文を書いています。窓の外から雨の音が1日中聞こえてきます。ここ数日、ニュースで沖縄や九州を襲っている台風〈カヌン〉のニュースを見ました。木が根こそぎ抜かれ、車はひっくり返っていて、都市は休業状態でした。飛行機で2時間しかかからない日本と韓国はある意味とても近いけど、ものすごく遠く感じられることもあります。頻繁に行けば行くほど、もっと遠く感じる気がします。数えてみたら私は2012年から35回ぐらい日本を訪問しています。

近くて遠い国、日本で、コロナの時期にスリークとやりとりした書簡集を発表することになり、まずはうれしいです。私たちは2020年8月から2021年5月までの約1年間、11往復の手紙をやりとりし、その間に私たちの仲は近づいたり遠ざかったりしまし(笑)。なぜ近づいたり遠ざかったりしたのか、すべてお伝えしたいのですが、秘密の話が多すぎるので、まずは私たちの手紙を読んでください。

私は相変わらず手紙を書くことと手紙を読むことを好んで生きています。手に馴染んだペンを持って誰かひとりのことを考えながら、紙という物体の上に文を書くのは人間ができる本当に美しい行為です。そういえば、私が日本で初めての本を出すようになったきっかけも、日本の出版社の編集者がハングルできちんと書いた手紙を送ってきてからだったことを思い出します。やっぱり手紙には力があります。日本の読者の皆さん、生きて手紙を書いて、会って伝えることにしましょう！

ソウルにて、イ・ランより

著者プロフィール

スリーク（Sleeq/슬릭）

京畿道九里市生まれのミュージシャン。本名はキム・リョンファ。アルバムに『COLOSSUS』『LIFE MINUS F IS LIE』、2022年にはシングル「있잖아（あのね/Hey）」を発表。オムニバスやミュージシャン仲間の作品への参加も多い。2020年にMnetで放送された音楽リアリティショー「グッド・ガール」に“地獄から来たフェミニストラッパー”として登場して話題を集めた。誰も傷つけない歌を作りたいという。元野良猫のットドゥギとインセンイと暮らしている。

イ・ラン（Lang Lee/이랑）

ソウル生まれのアーティスト。イ・ランは本名。アルバムに『ヨンヨンスン』『神様ごっこ』『オオカミが現れた』。『悲しくてかっこいい人』（リトルモア）、『アヒル命名会議』（河出書房新社）、『何卒よろしくお願いいたします』（タバブックス）ほか、多くのエッセイ、小説などが日本語に訳されている。音楽、文学、イラスト、映像などマルチに活躍している。元野良猫のジュンイチと暮らしている。

訳者プロフィール

吉良佳奈江（きら・かなえ）

静岡生まれの翻訳家・韓国語講師。翻訳にチョン・ミョングァン「退社」『たべるのがおそいvol.7』（書肆侃侃房）、ソン・アラム『大邱の夜、ソウルの夜』（ころから）、チャン・ガンミョン『きわめて私的な超能力』（早川書房）など。家族と植物と暮らしている。

カッコの多い手紙　괄호가 많은 편지

2023年10月15日　第1刷発行

著者	スリーク、イ・ラン
翻訳者	吉良佳奈江
発行者	池田雪
発行所	株式会社 書肆侃侃房［しょしかんかんぼう］
	〒810-0041 福岡市中央区大名2-8-18-501
	TEL 092-735-2802　FAX 092-735-2792
	http://www.kankanbou.com　info@kankanbou.com

編集	池田雪
DTP	黒木留実
印刷・製本	シナノ書籍印刷株式会社

ISBN978-4-86385-593-9 C0098